中国特色
开源软硬件概要

面向普通高中信息技术学科教学

梁森山 李红印 著

清华大学出版社
北京

内 容 简 介

本书依托教育部教育装备研究与发展中心 2020 年度基本科研业务费专项资金资助课题《基于国内的具有自主知识产权的开源硬件普通高中实验项目开发研究》（课题编号：KZX202009），系统论述了中国特色开源软硬件的兴起和开源软硬件的发展现状综述，对常见教学用开源软硬件进行汇总分析，共考察了 70 多款开源主控板，提炼出"开源硬件分类表"，把常见教学用开源硬件分为五大类别，分别是 MCU 微控制器类、IoT 物联网类、SBC 单板机类、无桌面 SBC 类和 AI 算力加速类。本书还重点分析了中国特色开源硬件、中国特色开源软件、中国特色开源软硬件生态建设、开源硬件项目设计等话题，进一步提炼了开源软硬件的教育教学与育人价值。

本书可为普通高中开展新教材试点的省市规划与建设配套信息技术实验室或学科教室提供参考，为教育主管部门课程与装备建设提供决策依据，为学校采购提供支持，也适合普通高中信息技术教师作为教学参考书籍。此外，本书也是一本实践性很强的信息技术与信息科技学科的教具、学具索引，可以快速通览中小学创客教育、STEAM 教育、科技社团等科创类教学活动中常见的教育教学器材。本书还可以为教育从业者、企业、机构开发设计开源软硬件提供参考与启发，快速提升开源软硬件设计的国际化视野。

本书封面贴有清华大学出版社防伪标签，无标签者不得销售。
版权所有，侵权必究。举报：010-62782989，beiqinquan@tup.tsinghua.edu.cn。

图书在版编目（CIP）数据

中国特色开源软硬件概要：面向普通高中信息技术学科教学 / 梁森山，李红印著 . — 北京：清华大学出版社，2023.3
 ISBN 978-7-302-62856-9

Ⅰ.①中… Ⅱ.①梁…②李… Ⅲ.①计算机课－中小学－教学参考资料 Ⅳ.① G633.673

中国国家版本馆 CIP 数据核字（2023）第 035269 号

责任编辑：赵轶华
封面设计：傅瑞学
责任校对：赵琳爽
责任印制：丛怀宇

出版发行：清华大学出版社
　　　　网　　址：http://www.tup.com.cn，http://www.wqbook.com
　　　　地　　址：北京清华大学学研大厦 A 座　　邮　　编：100084
　　　　社 总 机：010-83470000　　邮　　购：010-62786544
　　　　投稿与读者服务：010-62776969，c-service@tup.tsinghua.edu.cn
　　　　质量反馈：010-62772015，zhiliang@tup.tsinghua.edu.cn
印 装 者：三河市君旺印务有限公司
经　　销：全国新华书店
开　　本：185mm×260mm　　印　张：10.25　　字　数：188 千字
版　　次：2023 年 4 月第 1 版　　　　　　　印　次：2023 年 4 月第 1 次印刷
定　　价：68.00 元

产品编号：096501-01

代 序

我学习计算机的路径和很多人不同，完全是非科班出身的野路子。1999年年底，我拥有了第一台计算机，先从网页制作入门，逐步学习了图像处理、网页制作、JavaScript脚本编写、ASP、SQL和服务器管理等技术。当时只是想做一个有趣的个人主页，随着学习的深入，新的需求不断出现，最后居然改变了自己的职业规划，从一名语文教师转行为信息技术教师。回头看，这种学习路径就是典型的兴趣导向的项目式学习。

为了学习ASP，我下载了一个叫作"比特村"的新闻发布管理系统的源代码，然后在这些代码的基础上修修补补，最后形成了自己的图文发布系统的原型，开发出一个功能比较完善的教学系统。2001年，我还没有了解"开源"一词，却已经在优秀的开源代码中学到了很多：比如信息系统的结构化设计，数据库查询代码的优化技巧，Web后台的安全防范等。但遗憾的是，当时还没有GitHub和Gitee，开源协议也不流行，我既不知道"比特村"的作者，也不知道应该如何将自己修改后的代码再次分享出来。

也许是自己在各种优秀的源代码中受益太多，自然而然地产生了一种朴素的"反哺"意识。毕竟技术日新月异，敝帚自珍的代码很快就会变成一堆垃圾，不如大方点儿拿出来分享。2011年，就在创客教育刚刚拉开帷幕的时期，我因为常常分享Arduino、Scratch代码和教学资源，结识了很多朋友。在吴俊杰、管雪沨等老师的共同努力下，建立了一个完全基于网络的教学交流社群——猫友汇。正因为越来越多的老师参与分享，才快速形成了国内创客教育最早的骨干力量。

2013年，钟柏昌老师在做一个国家级课题，把他的几位研究生派遣到温州中学跟我一起研究机器人教育。我们商量着做一个开源的Arduino课程，以应对当时Arduino教学资源极度匮乏的状况。这就是国内最早的完全开源课程"Arduino创意机器人"的故事。而在这个故事的背后，还隐藏着一个开源软件的细节：我们将新车间的ArduBlock进行了修改，规范了各种技术名词，重新设计了菜单，发布了 ArduBlock 教育版。即使后来出现了米思齐和 Mind+，还是有很多老师偏爱 ArduBlock。

ArduBlock 的经历让我第一次体会到自己设计学习工具的快乐和意义。相信很多信息技术教师都和我一样，有过耗费大量精力寻找教学工具的经历，却苦于无法把自己的想法"告知"开发工具的团队，让某个工具更加适合教学。对于我而言，一旦体会到这种甜头后就停不下脚步。在接下来的几年中，我主导或参与了多个开源软硬件项目，软件有 Mind+、SIoT、pinpong、Scratch3D 等，硬件有虚谷号、掌控板、造物粒子等。即使在最困难的疫情时期，我在人工智能教育方向也颇有收获，主导了上海人工智能实验室的 MMEdu 项目（后来升级为 XEdu 项目）。

掌控板是教学用中国特色开源硬件的一个典型代表。从表面看，掌控板不过是一块小小的 ESP32 电路板，克隆这个项目似乎也不需要很高的技术门槛，其实背后凝聚了很多老师的教学经验和多个企业的技术开发。比如，掌控板的最早需求是管雪汛老师提出的，OLED 屏幕是周茂华老师选择的，金手指规范是我确定的，物联网的功能也是我最早去扩展的，板子上的各种元件是盛思去选择的，很多学习案例是李琦老师和吴俊杰老师开发的，掌控板烧录的技术难题则是 DFRobot 的工程师解决的。如果把这么多人的共同贡献拆开，谁也没有机会做出这块在中小学课堂中普遍使用、好评如潮的开源硬件。

我很高兴地看到，梁森山老师的新书中梳理了国内开源软硬件的故事，细致地介绍了这些开源软硬件项目，并把常见教学用开源硬件分成 MCU 微控制器类、IoT 物联网类、SBC 单板机类、无桌面 SBC 类和 AI 算力加速类五大类别，其中就包括我参与过的多个项目。读他的书，我又重新回顾了这十年的经历；合上书，我再次想起 2012 年冬天在北京师范大学雕刻时光咖啡馆的聚会。那时我们去参加第二届 STEM 教育应用国际会议，一起探讨 Arduino 开源机器人项目。我清晰地记得梁老师对开源硬件国内市场生存环境进行了深刻剖析，当时的结论是悲观的——开源硬件很难推广，有丰富的育人价值但缺少商业价值。不过略显讽刺的是，他自己又如同飞蛾扑火般，不仅把自己的业余精力都投入国内教育类开源硬件的设计与传播中去，还带领一群一线教师参与到朝气蓬勃的创客教育之中，无怨无悔——这也许就是开源文化的魅力。

开源文化为什么重要？开源软硬件为什么是创客教育中最核心的组成部分？开源理念和知识产权保护是否冲突？如何走出育人价值与商业价值之间的悖论？梁老师和我都

不是演讲达人，宁愿把时间耗费在开源项目的迭代上，也不希望在"夏虫不可语冰"的困境中一次又一次地辩解。我们都知道，如果不是站在各种开源项目的基础上，根本就不会有现在蓬勃发展的创客教育和人工智能教育：Arduino 基于 Processing 并借鉴 Wiring，micro:bit 参考了 Arduino 和 Mbed，掌控板则参考了 micro:bit 和 MicroPython，虚谷号试图做树莓派与 Arduino 的加法；pinpong 和 SIoT 又脱胎于虚谷号内置 Python 库，MMEdu 基于 OpenMMLab，OpenMMLab 则基于各种计算机视觉的论文。各种开源项目之间有着错综复杂的关联，每个开源项目都聚集了很多人的贡献。只要你愿意，就可以在项目中贡献自己的力量——涓涓细流，汇聚成海。

让我们一起拥抱人人皆可开源的时代吧。

浙江省温州中学
谢作如
2022 年 9 月

前言

　　为了更快地抓住中国特色开源软硬件所涉及的要点,有必要梳理一下其来龙去脉。

　　一个显然的事实,中小学创客教育的快速发展为开源硬件在教育系统内的传播提供了发育土壤和生存环境。从教师发展的角度来说,我国创客教育的普及为开源硬件走进课堂教学做了最初的群众动员。2016年出版的《中国创客教育蓝皮书(基础教育版)》对此有比较详细的记录。有一大批老师因为Arduino开源硬件和开源机器人进入创客教育;也有一大批老师因为Scratch开源软件融入创客教育;还有一大批老师因为软硬件结合引领了创客教育的发展。当然,这背后可能还隐藏着一个更根本的原因:创客教育与开源硬件本来就是同源同根。

　　从2017年《普通高中信息技术课程标准(2017年版)》颁布到2019年各版本普通高中信息技术教材陆续通过国家教材委员会审查,是国产自主知识产权开源硬件发展的关键阶段。以目前的观察情况来看,国产自主知识产权开源软硬件率先从《普通高中教科书　信息技术　选择性必修6　开源硬件项目设计》取得突破。2019年,经国家教材委员会专家委员会审核通过的人民教育出版社与中国地图出版社联合编写的普通高中信息技术教材中,引入了国产自主知识产权开源硬件掌控板和虚谷号,作为《开源硬件项目设计》的主要教学载体,其中虚谷号还被《普通高中教科书　信息技术　必修2　信息系统与社会》选中,用来搭建简易的信息系统,其后的教师用书和项目活动手册也沿用了掌控板和虚谷号。除了硬件创新,国产自主知识产权开源软件也在教材编写中取得了突破,Mixly、Mind+、mPython、BXY Python Editor、pinpong、SIoT等一批优秀的教学软件也走进了课堂教学。这些为中国特色开源软硬件的提出提供了政策保障、物质基础和条件准备。

　　中国特色开源软硬件的提出最早也是最直接的动力源自教育部《2021年教育信息化和网络安全工作要点》(以下简称《要点》)。《要点》提出要"加强具有中国特色的开源软硬件教育应用研究,构建适合我国中小学开展创客教育以及高中阶段开源硬件选修模块的教育装备支撑体系",并且备注这项工作的责任单位是教育部教育装备研究与发展中心(以下简称装备中心)。《要点》正式下发后,装备中心高度重视,立即启动了相关配套工作的研究,具体工作结合装备中心 2020 年立项的《基于国内的具有自主知识产权的开源硬件普通高中实验项目开发研究》课题(以下简称课题)协同开展,具体内容可以参考刊登于 2021 年第 12 期《中国信息技术教育》上的《从开源开放到教育自信——谈具有中国特色的开源软硬件教育应用》一文。从此,具有中国特色的开源软硬件正式扬帆起航。

本书是课题研究成果的集成汇总,也是国内关于开源软硬件研究的首部专著。冠名"概要",一方面说明相关研究才刚刚起步,还不够完善,开源社区每周都有很多新的开源硬件诞生,而课题研究目前只考察了 70 多款,研究工作有很多遗憾和欠缺;另一方面说明后续的工作还任重道远,特别是如何实现中国特色开源软硬件与信息科技学科教学之间的有机结合,如何实现开源硬件项目设计、STEAM 教育、创客教育之间协同育人目标等话题。为此,教育部教育技术与资源发展中心 2022 年延续性立项"以中国特色开源软硬件为支撑的信息科技学科教学资源研究",期待新课题能够取得新突破,增强开源软硬件教育教学资源供给的多样性。

下面对全书架构做一个简单说明。

第一章介绍开源软硬件的兴起,在梳理开源硬件起源及其发展的过程中,挖掘出 NodeMCU 的价值与贡献。

第二章是全书最重要的内容,系统分析了 70 多款常见开源硬件,提炼出开源硬件分类依据,首次把开源硬件分成五大类,五大类下面又细分出 21 小类。为了使读者能够快速抓住开源硬件全貌,课题组配套制作了开源硬件分类汇总表和开源硬件分类图,并对每款硬件做了精炼点评,直接体现在三级目录里。

第三章介绍与开源硬件配套的开源软件的发展,定制类软件选择了 2 款,平台类软件选择了 7 款,教学接口与服务类软件选择了 4 款,涵盖了高中开源硬件项目设计教学应用的方方面面,其中有不少软件和服务也可以无缝下移到初中和小学阶段。

第四章和第五章展示了中国特色开源软硬件生态建设成果和高中《开源硬件项目设计》课程教学成果,还探讨了开源机器人、开源硬件标准化进展、开源硬件实验室建设等话题,进一步提炼开源软硬件的教育教学与育人价值。

感谢人教中图版信息技术教材主编樊磊教授、副主编高淑印老师,开源硬件项目设计分册人教中图版周茂华老师,浙教版主编谢作如老师,粤教版主编龙丽嫦老师,沪科教版主编方向忠教授，华东师大版主编杨晓哲老师，教科版主编钟柏昌教授对课题研究和本书成稿过程中给予的大力支持，同时也感谢各位老师在教材建设中做出的开创性贡献。课题研究过程中，还得到了矽递科技、智位机器人、希科普、盛思科教、童心制物、雷宇激光、美科科技、矽速科技、腾讯教育、明栈信息等企业的支持与配合，在此一并表示感谢，也感谢它们为中国特色开源软硬件的技术进步、社区发展、生态营造所做出的贡献。

当然，中国特色开源软硬件是一个全新的开放式话题，本书所论及的观点和看法并不都是完全成熟的，还需要在一线教学中接受实践检验，在实践的基础上进一步完善相关概念和提法。又因作者水平有限，书中难免出现不妥，甚至错漏之处，恳请读者给予批评指正。

梁森山

2022 年 9 月

目 录

第一章　开源软硬件的兴起　001

1.1　开源硬件及其起源　001
1.2　开源软硬件综述　003
  1.2.1　Arduino　004
  1.2.2　Raspberry Pi　005
  1.2.3　NodeMCU　006
  1.2.4　micro:bit　007
  1.2.5　掌控板和虚谷号　008
1.3　教材对开源硬件的界定　009

第二章　中国特色开源硬件　011

2.1　常见教学用开源硬件分类　012
  2.1.1　开源硬件分类依据　013
  2.1.2　开源硬件分类表　013
  2.1.3　开源硬件分类说明　015
2.2　第一大类 MCU 微控制器类——Arduino 生态　017
  2.2.1　Arduino UNO——典型代表　018
  2.2.2　Romeo——开源小车　023
  2.2.3　Microduino——层叠积木　026
  2.2.4　Mango UNO——跨越架构　029

2.2.5	Seeeduion XIAO——小到极致	032
2.3	**第二大类 IoT 物联网类——MicroPython 生态**	**035**
2.3.1	NodeMCU-ESP8266 与 NodeMCU-ESP32	035
2.3.2	micro:bit——U 盘与金手指	038
2.3.3	M5Stack Basic——方寸 5×5	039
2.3.4	掌控板（HandPy）——Python 与 IoT 教学	041
2.3.5	童芯派（Cyberpi）——赛博之道	044
2.4	**第三大类 SBC 单板机类——Python 硬件教学**	**044**
2.4.1	BeagleBone——盛名之下	045
2.4.2	Raspberry Pi（树莓派）——一派宗师	045
2.4.3	pcDuino——教育先行者	048
2.4.4	虚谷号（vvBoard）——虚谷计划	049
2.5	**第四大类无桌面 SBC 类——PythonIoT 硬件教学**	**050**
2.5.1	香橙派 Zero——老树开花	051
2.5.2	行空板（Unihiker）——新晋之路	053
2.6	**第五大类 AI 算力加速类——AIoT 人工智能教学**	**054**
2.6.1	K210 模组——AIoT 入门	055
2.6.2	Jetson Nano——GPU 加速	058
2.6.3	冲锋舟——VIM3	059
2.6.4	Maix-II-Dock（M2dock）——1950 致敬图灵	059
2.6.5	MaixSense——AI 元年 1956	061

第三章　中国特色开源软件　　063

3.1	**软硬结合编程软件**	**063**
3.1.1	ArduBlock 教育版	063
3.1.2	BXY Python 编辑软件	064
3.1.3	mBlock5 图形化编程	064
3.1.4	Mind+ 图形化编程	065

3.1.5　Mixly 图形化编程 ... 066
3.1.6　mPython 图形化编程 ... 066
3.1.7　UIFlow Web 化编程平台 ... 068
3.1.8　腾讯扣叮在线编程平台 ... 068
3.1.9　MaixPy 与 MaixPy3 AIoT 编程平台 ... 069

3.2　教学接口与服务软件 ... 070
3.2.1　SIoT 物联网服务平台 ... 070
3.2.2　xugu 与 pinpong 库 ... 071
3.2.3　mpython_conn 通信协议 ... 072
3.2.4　MaixHub 在线人工智能模型训练平台 ... 072

第四章　中国特色开源软硬件生态建设 ... 074

4.1　中国特色开源软硬件支撑各类教学成果 ... 074
4.1.1　国家教材 ... 074
4.1.2　地方教材 ... 076
4.1.3　校本课程案例 ... 077
4.1.4　中国特色开源软硬件相关丛书 ... 079

4.2　中国特色开源软硬件助推学术交流 ... 081
4.2.1　创客嘉年华 ... 081
4.2.2　全国中小学 STEAM 教育大会 ... 081
4.2.3　创意智造专项赛 ... 082
4.2.4　开源硬件创意智造专项赛 ... 083
4.2.5　开源硬件应用设计挑战赛 ... 083
4.2.6　掌控板教学设计大赛 ... 084

4.3　中国特色开源软硬件推动机器人走向开源机器人 ... 085
4.3.1　开源机器人作品 ... 085
4.3.2　开源机器人教学案例 ... 087
4.3.3　开源机器人场地与赛制 ... 089

  4.3.4 赛事教学实践 091

4.4 中国特色开源硬件标准化进展 094

4.5 面向教育教学的开源社区 094

第五章 开源硬件项目设计——国家课程的设立与教学实践 097

5.1 普通高中信息技术学科定位 097

5.2 选择性必修模块 6 课程目标 098

5.3 选择性必修模块 6 跟其他模块之间的关联 098

  5.3.1 跟必修模块 1 数据与计算之间的关联 098

  5.3.2 跟选择性必修模块 2 网络基础之间的关联 099

  5.3.3 跟选择性必修模块 4 人工智能初步之间的关联 099

5.4 教材框架导读 099

  5.4.1 人教中图版教材框架 100

  5.4.2 沪科教版教材框架 102

  5.4.3 粤教版教材框架 103

  5.4.4 教科版教材框架 105

  5.4.5 浙教版教材框架 107

  5.4.6 华东师大版教材框架 109

5.5 主题学习项目 111

  5.5.1 人教中图版项目学习案例 111

  5.5.2 沪科教版项目学习案例 113

  5.5.3 粤教版项目学习案例 117

  5.5.4 教科版项目学习案例 123

  5.5.5 浙教版项目学习案例 130

  5.5.6 华东师大版项目学习案例 131

5.6 实验案例与器材清单 133

  5.6.1 人教中图版实验与器材 134

		5.6.2	沪科教版实验与器材	135
		5.6.3	粤教版实验与器材	136
		5.6.4	教科版实验与器材	137
		5.6.5	浙教版实验与器材	138
		5.6.6	华东师大版实验与器材	139
	5.7	中国特色开源软硬件实验室样例		140
		5.7.1	实验室建设目标	140
		5.7.2	实验室建设理念	140
		5.7.3	实验室环境设计	141
		5.7.4	硬件与装备清单	141
		5.7.5	软件与库文件清单	143
		5.7.6	实验与器材清单	143
	5.8	国家课程教学案例		144
		5.8.1	深圳市第二高级中学	144
		5.8.2	湖南省株洲市第二中学信息技术教研室	145
后记				147

第一章 开源软硬件的兴起

"如果你的工具只有一把锤子，你会认为任何问题都是钉子。"

——查理·芒格

2015 年，国内"大众创业，万众创新"热潮兴起，创客（Maker）、创客空间等概念得以迅速传播，引发了社会大众对创客的广泛关注。开源硬件作为创客们手中的"锤子"，不仅能被艺术家、设计师、工程师等专业人员用于艺术创作、科技创新，而且能使普通的业余爱好者自己动手将创意转化为实物作品或产品。

凯文·凯利在《失控》一书中有这样一段描述："最深刻的技术是那些看不见的技术，……他们不断放低身段，将自己编织进日常生活的肌理之中，直到成为生活的一部分，从我们的视线中淡出。"也许，开源和开源软硬件虽鲜为公众知晓，但已深深融入每个人的日常生活，从智能手机到智能手表，从实验室到教室，从家用电器到载人航天……

1.1 开源硬件及其起源

从发展的角度来看，开源硬件[1]可以看作是现代电子技术[2]与开源文化[3]相结合的产物。开源就是公开软件的源代码，是对英文"open source"一词的直译。相对于软件来说，硬件开源更倾向于物理实体的制作或创作，有着强烈的"造物"或"物化"的倾向[4][5]。这种发自内心的"造物"或创作的冲动，赋予了开源硬件这把"锤子"以价值。

---

[1] 开源硬件（open source hardware，OSHW）是指开放设计、生产、加工的原始资料的一类电子硬件。
[2] 何立民. 智能硬件时代的开源硬件——写给硬件工程师们 [J]. 单片机与嵌入式系统应用 ,2017,17(03):3-4.
[3] 开源文化是计算机科学领域的一种文化现象，源自程序员对智慧成果共享、自由的追求。全球性的开源运动积极促进人类文明发展，已经渗透到信息、教育、健康等领域，并已经融入哲学范畴。
[4] 夏自钊. 创客："自时代"的造物者 [J]. 决策 ,2013(06):26-28.
[5] 谢作如. 创客教育为什么要强调"造" [J]. 中小学信息技术教育 ,2015(06):70.

开源赋予用户一定的权利——包括但不限于管理权限[①][②]，这使得用户可以自由地进入事物的内部，查看其内在的运行机制，并按照自己的意愿进行修改。在这个层面上，开源精神与创客精神、骇客精神是一脉相承的。其中"用户可以自由地进入事物的内部，查看其内在的运行机制，并按照自己的意愿进行修改"既是开源精神的所在，也是开源之于教育的价值所在。

开源思想在文化起源上可以追溯到"知识是人类的共同财富"这一朴素认识[③]，因为开源和开放，人类的创新和创造获得了不竭的动力。开源文化推动了大量的自由软件[④]和开源软件[⑤]的涌现，现代电子技术在工程实践过程中积累了大量可重复使用的功能化集成模块，软硬件之间的紧密结合共同催生了丰富多彩的开源硬件。图1-1是常见的开源软件和开源硬件的标识，已经成为开源文化的共同价值认同。

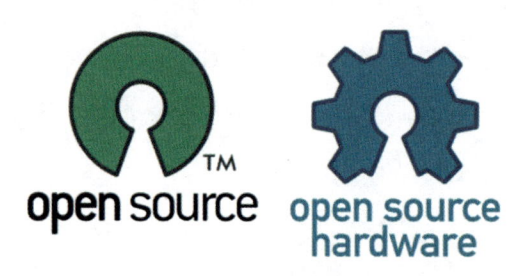

图 1-1　开源软件和开源硬件的标识

开源硬件的概念或思想可以追溯到开源运动发起人布鲁斯·佩伦斯（Bruce Perens），其在1997年发起的"开源硬件认证计划"中首次提出了相对清晰的开源硬件概念[⑥]，但令人遗憾的是，此事并没有引起太多关注，认证计划也没有真正实施，甚至对后来的开源硬件项目也没有直接影响。

众所周知，开源硬件（open source hardware）以开源软件（open source software）为基础，而开源软件最早出现于20世纪70年代，起源于骇客文化，通常定义为一种源码可以被公众使用的软件，也就是说软件的使用、修改和分发也不受许可证的限制。开源硬件秉持着

---

① 王爱玲. 媒介技术：赋权与重新赋权 [J]. 文化学刊,2011(03):70-73.

② 黄月琴. 新媒介技术视野下的传播与赋权研究 [J]. 湖北大学学报（哲学社会科学版），2016,43(06):140-145+164.

③ 张金，周茂华. 普通高中教科书　信息技术　选择性必修6　开源硬件项目设计 [M]. 北京：人民教育出版社，中国地图出版社，2020.

④ 自由软件（free software）赋予用户运行、复制、分发、学习、修改或改进自由的一类软件。自由软件的意义和价值在于用户（包括个体和团体）可以控制程序为己所用。"Free"在英文中除了有"自由"之外，还有"免费"的意思，为了便于区分这两种含义，后来又提出了开源软件（open source software）以作区别。

⑤ 开源软件（open source software，OSS）意指对用户和公众开放软件的源代码，并且软件在使用、修改和分发过程中也不受许可证的限制。

⑥ The Open Hardware Certification Program. https://www.oshwa.org/cert/.

与开源软件的一致理念——知识共享，遵循开放原则，不仅包括硬件设计部分（比如机械设计图、电路原理图、BOM 材料清单、PCB 设计图等），还包括硬件驱动的固件部分，均需开源、开放给任何用户参考或直接用于生产制造[1]。

20 世纪末，开源硬件虽然在设计上已经没有障碍，但是受限于电子电路产业的行业特殊性，生产、加工、测试和制造成本过高，同时由于全球化的市场环境不够成熟，又无法通过规模化生产来降低成本，因而开源硬件的发展一度处于困境，最初的开源硬件项目都没有维持下来，形成了巨大的断代，以至于 2005 年最有影响力的 Arduino 开源硬件项目的开发设计人员几乎没有提及前人工作对他们的影响——Arduino 更多的成功基因继承来自 Wiring、AVR-gcc、Processing、Java 等一系列优秀开源软件[2][3]和 Atmel 公司为其主控芯片 Atmega 8 提供的相对开放的硬件开发环境。

1.2 开源软硬件综述

1991 年，芬兰大学生 Linus Torvalds 基于 GNU GPL 框架发布了 GNU/Linux，标志着 Linux 的诞生。从此，开源软件正式登上历史舞台，并逐步走向正轨。从 20 世纪 90 年代起，互联网在全球范围内爆炸式增长并形成持续影响力，进而带动了开源软件在国内的发展。

而开源软件的流行以及一些开源企业取得的巨大商业成功，再一次刺激了开源硬件的发展。21 世纪初，小批量、小规模制造成本急剧下降，开源硬件再次得到蓬勃发展，一些重要的开源硬件项目接踵而来，比如著名的 3D 打印机 RepRap[4]（见图 1-2）、Arduino[5]、BeagleBoard、Raspberry Pi 等，其中 Raspberry Pi 一个重要的细分用户群体就是年出货量在 300~500 台的小规模市场。同

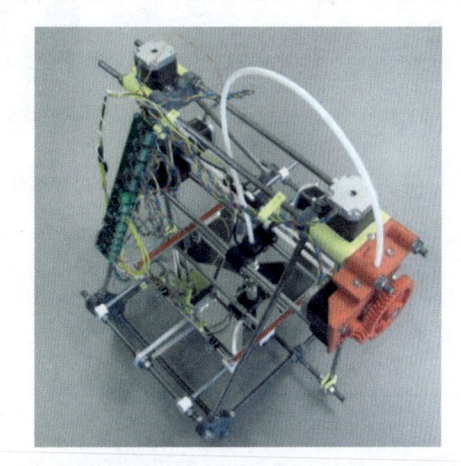

图 1-2　**RepRap** 开源 3D 打印机项目的早期版本

---

[1] Open-source hardware.https://en.wikipedia.org/wiki/Open-source_hardware.
[2] https://arduinohistory.github.io/.
[3] 列阿斯. 爱上 Processing[M]. 北京：人民邮电出版社，2014.
[4] https://www.linuxexpres.cz/hardware/3d-tisk.
[5] https://www.arduino.cc.

时也吸引了一批开源硬件创业者，相继涌现出了第一批全球性的开源硬件企业，国外著名的开源硬件企业有 SparkFun、Adafruit 等，国内熟知的开源硬件企业有 DFRobot、M5 Stack、Orange Pi 等。在基础教育阶段，开源硬件被运用到教育中最普遍的有 Arduino、Raspberry Pi、NodeMCU、micro:bit、掌控板、虚谷号等。

1.2.1 Arduino

2005 年，Arduino 诞生于意大利北部的艾芙瑞亚交互设计学院，起初是为了方便设计学院的大学生设计互动作品，后来发展为全球知名的开源硬件[1]，堪称是一件"无心插柳"的美丽事件。Arduino 自 2008—2010 年陆续通过不同渠道进入中国[2][3][4]，很快被国内创客教育的老师们广泛采用，至今也有相当多的老师和学生在使用相关产品完成创客教育的教学和学习[5][6][7]。除了人民教育出版社、中国地图出版社联合出版的版本（以下简称人教中图版）和浙江教育出版社版本（以下简称浙教版），其他 4 个版本的《普通高中教科书 信息技术 选择性必修 6 开源硬件项目设计》教材都选用了 Arduino 作为主要硬件载体，很多地方教材和校本教材也选择了 Arduino（见图 1-3）作为核心主控板。

图 1-3 Arduino UNO 实物图

Arduino 的成功不是因为技术有多么先进，而是因为其强大的软硬件配套生态。全球兼容 Arduino 的开发板有两百余种[8]，图 1-3 是最常见的 Arduino UNO，针对 Arduino 的扩展板数以千计[9]，GitHub 上有数以万计的 Arduino 驱动库文件[10]，Arduino 已经渗透科技生活

---

[1] Massimo Banzi. 爱上 Arduino [M]. 2 版. 北京：人民邮电出版社，2012.
[2] https://www.amobbs.com/thread-1000496-2-1.html.
[3] http://blog.sina.com.cn/arduinoflash.
[4] 翁浩峰. 利用 Arduino 和 Flash 开发 DISLab[J]. 物理教师，2010,31(03):45-47.
[5] 杨琦，张晓月，李国安，等. 小学期 Arduino 课程教学内容探索与实践[J]. 工业和信息化教育，2021(10):79-82.
[6] 屈华炎. 基于 Arduino 的单片机智能控制创新课程教学改革与实践[J]. 物联网技术，2021,11(07):128-130.
[7] 冰洁. 基于 Arduino 硬件编程建构 CIA 教学模式[J]. 中国现代教育装备，2021(18):26-28+41.
[8] https://cn.bing.com/search?q=arduino+compatible&FORM=HDRSC1.
[9] https://cn.bing.com/search?q=arduino+shield&FORM=HDRSC1.
[10] https://github.com/search?q=arduino.

的方方面面。

Arduino 与教育的结合并非一帆风顺，在实际教学中有其自身问题：一是技术门槛高，经常出现安装驱动不兼容的问题，很多初学者被挡在门外；二是编程语言没法和高中的 Python 教学统一。Arduino 的语法规范继承自 Processing，是一种非标准的 C/C++[1][2]，而高中教学统一要求使用 Python，这样就给学习和教学带来了困惑和阻碍，所以人教中图版弃用 Arduino，而改用掌控板和虚谷号作为主控板。

1.2.2　Raspberry Pi

Raspberry Pi[3] 中文名为树莓派，是一款由英国树莓派基金会开发的基于 Linux 系统的卡片计算机，最常见的板型是树莓派 3B，如图 1-4 所示。Raspberry Pi 的开源主要在其软件生态方面，硬件方面采用了定制芯片的设计方案，所以市面上大部分的所谓"树莓派兼容"是没有办法做到"平移"——硬件和代码完全兼容的。Raspberry Pi 说了一个好的教育故事[4]，但其主要应用场景是小批量智造和技术原型验证；虽然也有教材选用，但在中小学实际教学应用中很少见到。

图 1-4　树莓派 3B 实物图

树莓派在中小学遇到的最大问题是用树莓派没法实现大班教学。首先，树莓派作为卡片电脑使用时，需要外接显示器和键盘鼠标，现有中小学机房没有空间摆设多套显示器和键盘鼠标，共用又存在非常困难的机房管理问题。其次，树莓派也没有合适的机房管理软件，大班教学很难有效组织，无法保证统一步调和教学进度。再者，树莓派所用的 Linux 操作系统，对很多一线老师来说是一个巨大的挑战，国内的教师已经习惯了 Windows 操作系统所营造的"舒适区"，对命令行或 Linux 操作系统非常陌生，甚至无所适从。最后，

---

[1]　Massimo Banzi. 爱上 Arduino [M]. 2 版. 北京：人民邮电出版社，2012.
[2]　CaseyReas, BenFry. 爱上 Processing [M]. 2 版. 北京：人民邮电出版社，2014.
[3]　https://www.raspberrypi.org/.
[4]　https://www.cnblogs.com/vamei/p/6415434.html.

无法精准锁定教学需求，没有售后服务，也极大地限制了树莓派的使用范围。

1.2.3 NodeMCU

NodeMCU[①] 是一个具备全球影响力、中国原创性的 IoT 类开源硬件项目，主控芯片和核心研发团队都在中国。2014 年，NodeMCU 的项目发起人最早只是想在自己的项目中使用 Wi-Fi 芯片传送传感器信息，在深入了解了 ESP8266 芯片的内核之后，发现该芯片性能颇为强大，堪称物美价廉，于是与开源社区爱好者商量之后，共同发起了 NodeMCU 项目。图 1-5 记述了 NodeMCU 团队对其应用场景的界定。

像Arduino一样操作硬件IO

提供硬件的高级接口，可以将应用开发者从烦琐的硬件配置、寄存器操作中解放出来。采用交互式Lua脚本，像Arduino一样编写硬件代码！

用Nodejs类似语法写网络应用

事件驱动型API极大地方便了用户进行网络应用开发，使用类似Nodejs的方式编写网络代码，并运行于5mm×5mm大小的MCU之上，加快您的物联网开发进度。

超低成本的Wi-Fi模块

用于快速原型设计的开发板，集成了售价低于10元的Wi-Fi芯片ESP8266。为您提供性价比最高的物联网应用开发平台。

图 1-5　官网对 NodeMCU 的定义

起初，NodeMCU 项目想在 ESP8266 芯片上移植 JavaScript，但是受限于 ESP8266 的内存，综合考虑之后选用了 Lua，因为 Lua 脚本语言比较轻量，而且支持 C 语言编写，几行代码就能实现相对复杂的物联网项目。图 1-6 是官网的简单宣传案例[②]。NodeMCU 以 Lua 语言为基础，同时封装 ESP8266 硬件操作的高级 API，可以让开发者以类似于 Arduino 的方式与底层硬件打交道，使软件开发人员轻松操作硬件设备；同时 NodeMCU 还提供了事件驱动型的网络 API，Nodejs 风格的编程方式更是让物联网开发人员如鱼得水。

国内外一些爱好者成立了一个 ESP8266 的社区论坛 ESP8266 Community Forum[③]，来分享一些使用 ESP8266 创造新奇物品的案例，并在 GitHub 上开源了一些相关的项目，如 ESP8266 Core for Arduino[④]，实现了直接在 NodeMCU 上使用 Arduino 的函数和库。

---

① https://nodemcu.readthedocs.io/en/release/.

② http://www.nodemcu.com/index_cn.html.

③ https://www.esp8266.com/.

④ https://github.com/esp8266.

图 1-6　几个 Lua 语言操作 NodeMCU 的案例

NodeMCU 的 MicroPython 移植工作由 MicroPython 原创团队亲自操刀[1]并持续更新[2][3]，于 2016 年在 KickStart 上众筹成功，目标是让 MicroPython 在 ESP8266 芯片的上流畅运行 Python 代码。

目前，NodeMCU 已经支持多种开发方式，如 AT 指令、C、Python、Lua、Ardunio 等，其固件和原型板设计都是开源的。NodeMCU 追求原始创新，"中国芯"从本土生态构建，并逐步走向国际交流舞台，推动了整个物联网业态的发展。

1.2.4　micro:bit

micro:bit 是一款由英国广播电视公司（BBC）为青少年编程教育设计的入门级开发板[4]，第一代 micoro:bit 如图 1-7 所示。BBC 专门为 micro:bit 成立了教育基金，并召集微软、三星、ARM、英国兰卡斯特大学等合作伙伴共同开发完成。micro:bit 创造性地采用 U 盘拖拽的方

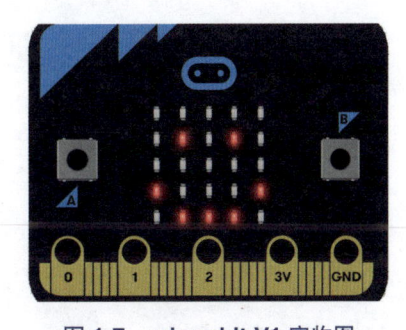

图 1-7　micro:bit V1 实物图

---

[1] https://www.kickstarter.com/projects/214379695/micropython-on-the-esp8266-beautifully-easy-iot.
[2] https://docs.micropython.org/en/latest/esp8266/quickref.html.
[3] https://micropython.org/download/?port=esp8266.
[4] 梁森山，谢作如. 爱上 micro:bit [M]. 北京：人民邮电出版社，2018.

式下载程序代码，并推出了配套的图形化编程工具①，极大地降低了入门门槛。

国内在使用 micro:bit 教学的过程中，出现的最大问题是性能太差，无法支持复杂的代码和通信协议，只能简单入门，无法实际使用；另外，micro:bit 只实现了部分蓝牙协议，没有完整的蓝牙协议，不支持 Wi-Fi 通信，无法完全对接中小学物联网教学的需求。

1.2.5 掌控板和虚谷号

2018 年以前，开源硬件虽然有了长足发展，有识之士也意识到开源硬件潜在的浓厚育人价值，但当时能够说出来的"常见教学用开源硬件"无外乎 Arduino、micro:bit 和树莓派三种，当被问及"还能举出其他例子吗"时，谈话常常陷入尴尬。所以，2018 年以前，基本上不存在"常见教学用开源硬件分类"这个话题，因为那时开源硬件的样本太少，采集不到足够的数据以支撑分类。

自 2018 年起，国产教育开源硬件开始涌现，其中最具代表性的就是掌控板和虚谷号，如图 1-8 所示。其中掌控板集成了具有国产自主知识产权的 ESP32 主控芯片及各种传感器和执行器，于 2018 年 9 月 15 日的第六届全国 STEAM 教育大会发布。同期，国内创客教育先行者发起了"虚谷计划"②，提出了"中国的开源教育计划"，开始了构建面向国内教学用开源软硬件生态体系③ 前期探索。"虚谷计划"中两款重要的开源硬件掌控板与虚谷号如图 1-9 所示。

图 1-8　2018 年以后涌现的优秀教学用开源软硬件

此后，"虚谷计划"生态下的开源软硬件被多本国家及地方教材所采用，也进入国家和多个省市的赛事器材名列。与此同时，掌控板也代表中国开源硬件走出了国门，目前已有多个国家和地区采用掌控板作为日常教学装备产品。具有中国特色的开源硬件开始从萌

---

① https://makecode.com/.

② https://www.vvplan.cn/.

③ 谢作如，吴俊杰.高中新课标"开源硬件项目设计"模块：中国开源硬件的梦与路 [J]. 中国信息技术教育，2018(20):4-10.

芽进入蓬勃发展阶段[①]。

图 1-9 "虚谷计划"中两款重要的开源硬件掌控板与虚谷号

1.3 教材对开源硬件的界定

开源硬件是《普通高中教科书 信息技术 选择性必修6 开源硬件项目设计》最重要的话题之一，六个版本的高中信息技术教材都给出了各自对开源硬件的理解。

人教中图版采用了从"开源与开源软件"到"开源硬件与开源协议"的逻辑叙事，正文开宗明义——"开源，英文全称 open source，就是程序员们常说的'开放源代码'，最初指软件作者将原始代码对外公开，后来拓展到开放项目所需的所有原始设计资料"，以此引出"开源硬件是基于开源软件发展而来的，但它涉及硬件设计图等方面，比软件更加复杂"，"开源硬件项目包括开源硬件核心板的设计、扩展板和周边模块的设计以及具体的开源硬件应用项目"，并强调"目前人们对开源硬件尚未取得统一的认识"。

上海科技教育出版社版本（以下简称沪科教版）给出了开源硬件的核心概念——"开源硬件（open source hardware）是指通过公开渠道，用户可获得硬件的设计文件，并对它们的设计进行学习、修改、发布和制作。它的本质是共享硬件的设计文件以方便他人进行修改或据其制作硬件，甚至包括用于商业用途。"并补充说明"开源硬件由某一团队或个人设计并开发，开发完成后，开发者将该硬件的文件对大众免费开放，包括设计图、开发软件、开发文档、材料清单等，世界上任何人都可以对其进行加工、修改、重新设计、生产甚至销售"，最后还强调了"理想情况下，开源硬件要公开并分享所有的设计文件，以

[①] 李红印，梁森山，谢作如. 从开源开放到教育自信——谈具有中国特色的开源软硬件教育应用[J]. 中国信息技术教育，2021(12):4-9.

最大化提高他人利用的效率"。

广东教育出版社版本（以下简称粤教版）在首次引入开源硬件时，把开源硬件放在了"大众创业、万众创新"国家政策和全球性的创客运动大背景下，指出不论是创业还是创新，在一定程度上都得益、依赖于开源硬件及其平台。粤教版还指出了"硬件与软件不同之处在于硬件资源始终致力于创造实物产品"，抓住了开源硬件项目设计的"造物"导向，并举出 3D 打印、OpenPilot 无人驾驶飞机等利用开源硬件的例子。

教育科学出版社版本（以下简称教科版）首先把开源硬件放在开源运动的背景下讨论，强调开源硬件与开源软件的对应关系，界定"开源硬件是将硬件的详细信息，如设计图、电路图、材料清单等都公开，与他人共享"。

浙教版从开源思想开始介绍，指出开源（open source）即开放源代码背后的思想性。开源不仅仅代表软件源代码的开放，更意味着自由、共享和充分利用资源，并追述开源思想最初起源于人们对知识合理共享的需要。这种思想起始于人们从对传统的著作权归属问题的思考、争议和处理，在信息时代的浪潮中，逐渐孕育出计算机领域的开源运动和开源文化，开源已经成为当今信息科技主流文化的重要特征。

华东师范大学出版社版本（以下简称华东师大版）先从开源文化切入，介绍了开源的起源和宗旨，以及开源协议在开源文化传播进程中的作用，在此基础上给出开源硬件的定义——开源硬件是指"可以通过公开渠道获得的硬件设计，任何人可以对已有的设计进行学习、修改、发布、制作和销售"。

以上是六个版本的教材对开源硬件不同的界定。一个显然的事实，开源硬件的原产地不在教育，教材在介绍开源硬件时需要考虑学生的认知水平，同时教材编写者也要考虑教育的现实，包括师资能力、现有条件、物资装备等实际需求。所以，有必要回到开源硬件的原产地，站在在教育之外，看看其他行业是如何看待开源硬件的，具体内容见第二章"中国特色开源硬件"相关内容。

第二章　中国特色开源硬件

> 本文对开源的讨论及支持，并不代表认同闭源在本质上是错误的；本文既不是对软件知识产权的反对，也不是对无私"共享"的摇旗呐喊。
>
> ——[美] Eric Steven Raymond《大教堂与集市》

2021年，《中国信息技术教育》第6期中《从开源开放到教育自信——谈具有中国特色的开源软硬件教育应用》[①]一文通过对话的形式讨论了"中国特色开源软硬件"的由来，大背景来自教育部《2021年教育信息化和网络安全工作要点》，其中有一条提出要"加强具有中国特色的开源软硬件教育应用研究，构建适合我国中小学开展创客教育以及高中阶段开源硬件选修模块的教育装备支撑体系"。

另外，"中国特色开源硬件"的提出还与教育部教育装备研究与发展中心2020年立项的"基于我国具有自主知识产权开源硬件的普通高中实验项目开发研究"课题有关联，课题申报时用的名称是"基于开源硬件的普通高中信息技术实验教学研究"，学术委员会在课题论证的时候，表达了三点意见：一是把学科范围适当放开，不要局限在信息技术学科，通用技术、物理、化学，甚至音乐、美术等学科也可以结合开源硬件开展跨学科教学；二是不再局限于实验教学，用更大的一个词"项目开发"来概括，这跟高中阶段课程改革提出的"项目式教学"一脉相承；三是添加限定词"我国具有自主知识产权。这些正是"中国特色开源硬件"最重要的内涵之一。

当然，"中国特色开源软硬件"依然是一个待定的开放话题。在《从开源开放到教育自信》对话中，几位专家曾进行过一次学术探索。首先，"中国特色开源软硬件"要符合"开源硬件"和"开源软件"的规范。其次，"中国特色"主要体现在六个特征上：第一，需求来自一线教学，具有鲜明的"教学应用"特征；第二，软硬件开发服务于教材和课程改革，算

---

① 李红印，梁森山，谢作如. 从开源开放到教育自信——谈具有中国特色的开源软硬件教育应用 [J]. 中国信息技术教育，2021(12):6.

是第一个特征的延伸，但是价值导向更具体，那就是能够出现在教材中；第三，技术具有先进性和前瞻性；第四，具备自主知识产权，做到软件和硬件都可控；第五，要有一定的国际影响力，能够走出去的才叫"中国特色"，如果走不出去，最多叫"中国的"；第六，相对完善的自主可控社区与生态，这一条放在最后，是因为这条既重要又难办——生态靠的是吸引力！

2.1　常见教学用开源硬件分类

2015年，《开源硬件：撬动创客教育实践的杠杆》一文中提到5款开源硬件，分别是Arduino、BeagleBoard、Raspberry Pi、pcDuino和Edison。2018年，《面向中小学教学的开源硬件现状分析与比较》一文中考察了4款开源硬件，分别是Arduino、Raspberry Pi、Microduino和micro:bit。2018年，COSCon开源年会期间，开源社整理的"开源硬件发展时间轴"可以反映大部分的开源硬件标志性事件（见图2-1）。

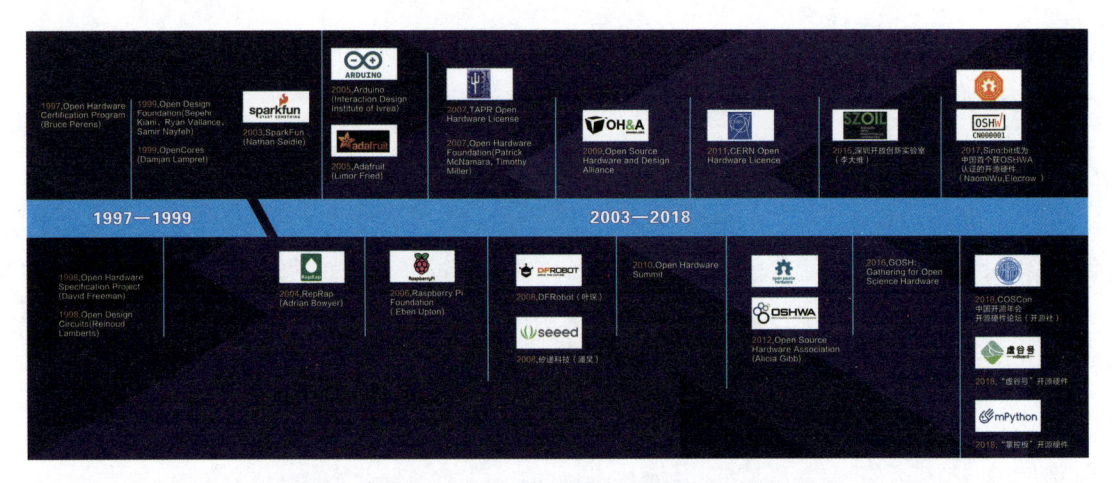

图 2-1　COSCon 开源社整理的"开源硬件发展时间轴"

2018年发布的《普通高中信息技术课程标准》选择性必修4人工智能初步教学提示中提出，"在学习简单智能系统开发内容时，可以采用小组合作、项目学习等方式组织教学，充分利用丰富的开源硬件和人工智能应用框架等资源，搭建面向实际生活的应用场景，发挥学生的自主学习与探究学习能力，鼓励学生积极探究、大胆实践，激发学生的创新思维。"这里提到的"丰富的开源硬件"在当时其实并不那么丰富。

2018年以后，国内开源硬件进入快速发展阶段，陆续出现了知名度比较高的掌控板和虚谷号，一些由新技术驱动的开源硬件也陆续登场，如 XIAO、童心派、行空板、MaixDuino、Maix-Ⅱ-Dock、MaixSense 等。这些新出现的开源硬件都非常重视生态建设，每一个品种背后大都会推出一系列配套产品，构成一个小生态。这样才使得"常见教学用开源硬件分类"成为被研究和讨论的话题。

2.1.1 开源硬件分类依据

是否被相关教材选用，是教学用中国特色开源硬件最重要的价值导向之一，第一章已经做了一定的说明和介绍。除了入选教材这个重要因素之外，还有一些比较重要的入选条件，如表 2-1 所示。

表 2-1 开源硬件分类依据表

编号	入选条件	说明	判定
1	是否被教材选用	国家或地方教材	
2	软件支持是否丰富	多种语言或多款软件	
3	是否有详细的在线文档	包括产品说明、教程、案例等	
4	是否有一定的生态支持	周边套件、社区支持等	
5	是否有具体的教学应用案例	具体学校的教学案例	
6	是否具备自主知识产权	芯片、固件、PCB、品牌等	
7	是否有明确的开源键接地址	自家或第三方开源链接	
8	是否有开源认证证书	第三方认证	
9	是否提供便捷的购买渠道	网购或实体零售渠道	
10	性价比是否适中	公益导向	
11	是否具备未来发展潜力	面向未来的新技术方向	

2.1.2 开源硬件分类表

开源硬件的分类如表 2-2 所示。

表 2-2 开源硬件分类表

类别	代表产品	类型与描述	编译工具	处理器	位数	主频/MHz	内存类型	内存大小/KB	联网方式
第一大类 MCU 微控制器类	Arduino UNO	微控制器	Arduino, 图形化编程	Atmega328	8	16	SRAM	1	无
	Romeo	微控制器，开源机器人	Arduino, 图形化编程	Atmega328	8	16	SRAM	1	无
	Microduino	微控制器，可穿戴设备	Arduino, 图形化编程	Atmega328	8	16	SRAM	1	无
	Mango UNO	微控制器，跨架构	Arduino, 图形化编程	LGT8F328P	8	32	SRAM	1	无
	Seeeduino XIAO	微控制器，可穿戴设备	Arduino, 图形化编程, MicroPython	SAMD21G18A	32	48	SRAM	32	无
第二大类 IoT 物联网类	NodeMCU	微控制器, IoT	Lua, Arduino, MicroPython	ESP8266	32	160	SRAM	160	Wi-Fi
	micro:bit	微控制器, IoT	图形化编程, JavaScript, MicroPython	nRF52833	32	64	SRAM	128	蓝牙
	M5 Stack	微控制器, IoT	图形化编程, Arduino	ESP32-D0WDQ6	32	240	SRAM	520	Wi-Fi & 蓝牙
	掌控板	微控制器, IoT	图形化编程, MicroPython, Arduino	ESP32-WROOM	32	240	SRAM	520	Wi-Fi & 蓝牙
	童芯派	微控制器, IoT	图形化编程, MicroPython, Arduino	ESP32-WROVER	32	240	SRAM	520	Wi-Fi & 蓝牙
第三大类 SBC 单板机类	BeagleBone	SBC, 通用计算	Ubuntu, Android, Fedora	AM3359	32	720	DDR3	512000	无
	Raspberry Pi	SBC, 通用计算	Ubuntu, Android, Raspbian	BCM2711	64	1500	DDR4	8000000	Wi-Fi & 蓝牙
	pcDuino	SBC, 通用计算	Ubuntu, Android	全志 A20	32	1000	DDR2	1000000	Wi-Fi
	虚拓号	SBC, 通用计算	Ubuntu, Jupyter	RK3328	64	1500	DDR3	2000000	Wi-Fi & 蓝牙
第四大类 无桌面 SBC 类	香橙派 Zero	HSBC, PythonIoT	Ubuntu, Armbian, Jupyter	全志 H2+	32	1200	DDR3	512000	Wi-Fi
	行空板	HSBC, PythonIoT	Debian, Jupyter	RK3308	64	1200	DDR3	512000	Wi-Fi & 蓝牙
第五大类 AI 算力加速类	K210 模组	微控制器, AIoT	MicroPython, MaixPy	勘智 K210	64	600	SRAM	8000	无
	Jetson Nano	SBC, AI 算力加速	Ubuntu, Armbian, Android	Jetson Nano	64	1430	DDR4	4000000	无
	冲锋舟 VIM3	SBC, AI 算力加速	Ubuntu, Armbian, Android	晶晨 A311D	64	2200	DDR4	4000000	Wi-Fi
	Maix-II-Dock	HSBC, AIoT	OpenWRT, Jupyter, MaixPy3	全志 V831	32	800	DDR2	64000	Wi-Fi
	MaixSense/1956	HSBC, AIoT	OpenWRT, Armbian, Jupyter, MaixPy3	全志 R329	64	1500	DDR3	256000	Wi-Fi & 蓝牙

2.1.3 开源硬件分类说明

"开源硬件分类表"把常见教学用开源硬件分为五大类别,分别是第一大类 MCU 微控制器(Mircocontrollet Unit)类、第二大类 IoT 物联网类、第三大类 SBC 单板机类、第四大类无桌面 SBC 类和第五大类 AI 算力加速类,如图 2-2 所示。其中第一大类 MCU 微控制器类以 Arduino UNO 为代表,属于 Arduino 生态;第二大类 IoT 物联网类以 NodeMCU 和掌控板为代表,教学上归属于 MicroPython 生态也有使用 Arduino 教学的案例;第三大类 SBC 单板机类,以 Raspberry Pi 和虚谷号为代表,属于 Python 硬件教学生态;第四大类无桌面 SBC 类,以行空板为代表,属于 PythonIoT 硬件教学生态;第五大类 AI 算力加速类,以 K210 模组化产品为代表,属于 AIoT 人工智能教学生态。

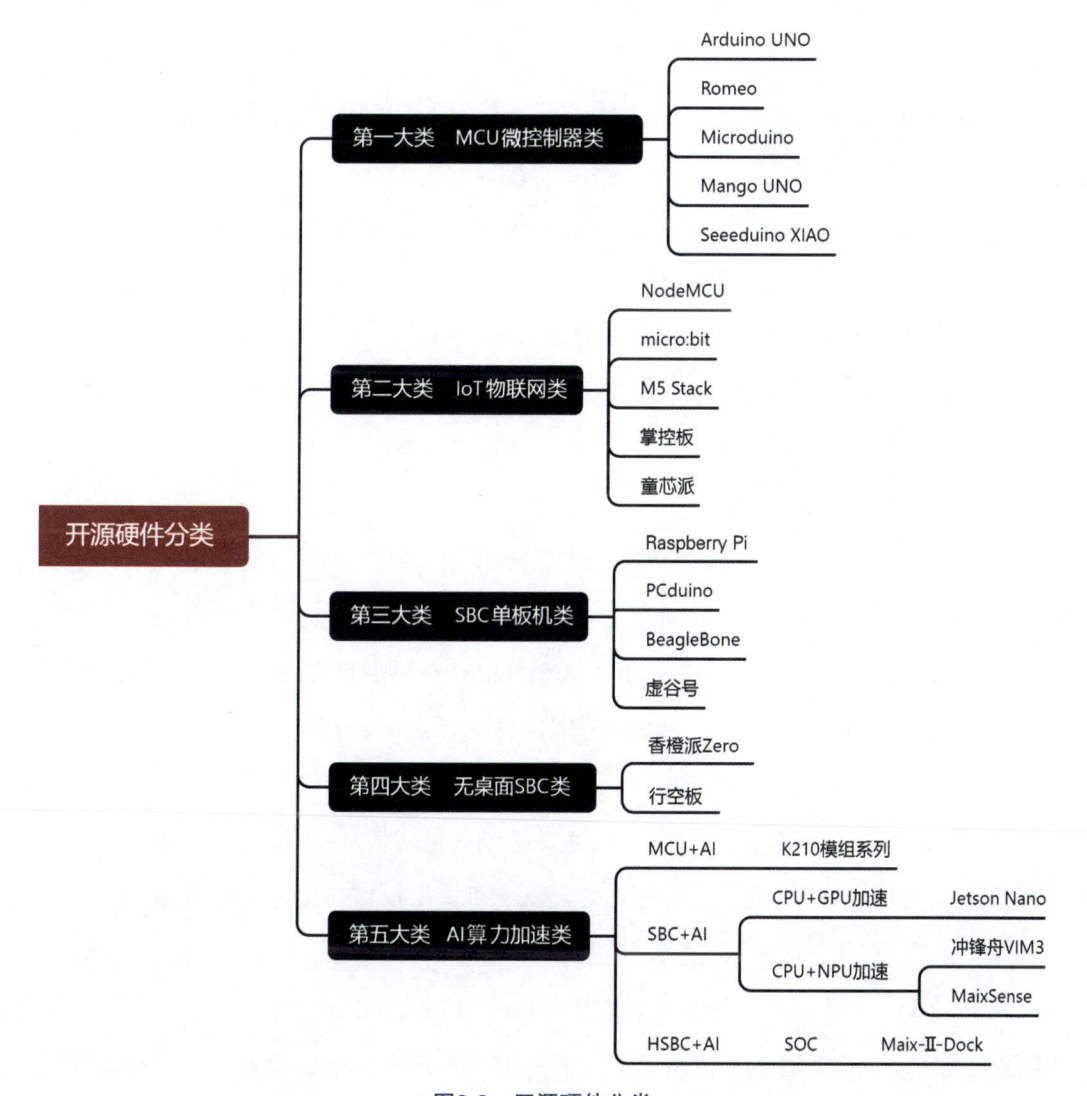

图2-2 开源硬件分类

五大类又细分成 21 个不同的小类，其中第一大类 MCU 微控制器类细分出 5 个小类别，分别是第 1 小类 Arduino UNO，同时也是第一大类下的参考标准；第 2 小类 Romeo 机器人控制板，集成电机驱动，合适开源小车项目设计；第 3 小类 Microduino，走小尺寸、可穿戴路线，采用层叠式积木的方式进行拼接；第 4 小类 Mango UNO 下介绍了 Arduino 生态对 LGT8XM、RISC-V、E8051 不同芯片架构的强大生态支持；第 5 小类 XIAO，把 Arduino 同类产品的尺寸做到了极致，体现了做减法的智慧。第一大类下共考察 31 款开源主控板。

第二大类 IoT 物联网类考虑到高中教材普遍选用了 Python 作为主要教学语言，以 MicroPython 生态为主，核心定位在 IoT 物联网项目实践，也可以细分出 5 个小类，按产品上市的时间顺序分别是 NodeMCU、micro:bit、M5 Stack、掌控板和童芯派。其中对 NodeMCU 的考察比较详细，这个小类别下分别考察了 NodeMCU-ESP8266、NodeMCU-ESP32、Wemos D1、LilyGo-TOI 和 ESP32 one 五套各有特色的产品。第二大类下共考察了 18 款开源主控板。

第三大类 SBC 单板机类同样是基于对高中 Python 教学的考虑，但不再限于 MicroPython 生态，而是选定了真正的、完整的 Python，核心定位在 Python 硬件项目实践，可以细分出 4 个小类，按产品上市的时间顺序分别是 Raspberry Pi、PCduino、BeagleBone 和虚谷号。其中对 Raspberry Pi 的考察比较详细，这个小类别下分别考察了香蕉派 Banana Pi M2 Zero、Rock Pi 4、香橙派 Orange Pi 和香橙派 Zero2 共 4 套不同规格的产品。第三大类下共考察了 8 款开源主控板。

第四大类无桌面 SBC 类（Headless SBC，HSBC）与第三大类 SBC 单板机类的定位比较接近，同样是基于对高中 Python 教学的需求，考虑到广大中小学的实际教学环境，抛弃了 SBC 单板机类的桌面环境，更突出强调 PythonIoT 硬件项目实践，目前细分出 2 个小类，是个新生类别，按产品上市的时间顺序分别是香橙派 Zero 和行空板。其中对香橙派 Zero 多做了些考察，这个小类别下分别考察了 NanoPi NEO Air 和 Rock Pi S 共 2 套不同规格的产品。第四大类下共考察了 4 款开源主控板，目前在基础教育一线教育教学实际应用中普遍相对薄弱，SBC 单板机类和无桌面 SBC 类都有可能出现具有普适性的产品。

第五大类 AI 算力加速类是近几年内的热门话题，核心是服务中小学阶段的 AI 人工智能学科教学，根据 AI 算力加速与 CPU（Central Processing Unit）的结合不同，分为入门级的 MCU+AI，以 K210 模组类为代表，很大一部分的中小学人工智能教具和学具用的就是 K210 的方案，这个小类别下考察了 5 款不同形态的产品；Jetson Nano 是 GPU（Graphics Processing Unit）加速的典型代表；冲锋舟是 CPU 与 NPU（Neural-Network Processing Unit）结合的代表，结合教学场景做了很多的资源和底层开发；Maix-Ⅱ-Dock 是 K210 的升级版本，属于 AI+ 定制 Linux 的入门产品；MaixSense 属于 AI+ 标准 Linux，CPU 和 NPU 性能都有所增强。第五大类下共考察了 9 款开源主控板，这个类别当前正处于快速发展的黄金时期。

总结下来，共考察了 70 多款开源主控板。第一和第二大类的开源硬件种类和形态最丰富，在中小学的应用也最为广泛；第三和第四大类由于使用门槛相对较高，产品形态不如第一和第二大类丰富，随着新课改的全面深化，可能会有进一步的发展；第五大类属于后起之秀，厚积薄发，正在形成具有中国特色的人工智能教育装备体系，体现了课程标准的超前预见性。

2.2 第一大类MCU微控制器类—Arduino生态

在常见教学用开源硬件的五大类别中，第一大类 MCU 微控制器类出现最早、成熟度最高，适用面也最广。MCU 微控制器类以 Arduino UNO 为代表。Arduino 在国内中小学的传播至少有 3 条路径，第一条是跟 Scratch 结合，为软件和场景编程提供传感器数据，项华、梁森山、吴俊杰三位老师在这个方向上发表了一系列的文章[①]，其他老师也做了出色的工作，可以在《中国创客教育蓝皮书（基础教育版）》中找到那些有趣的人和事[②]；第二条是跟机器人结合，助推从机器人教育到开源机器人教育的转变[③④]，具体论述见"Remeo——开源小车"和"中国特色开源软硬件推动机器人走向开源机器人"章节的内容；第三条是互动媒体艺术，艺术创造是 Arduino 的产床，也是 Arduino 最具魅力的地方[⑤⑥]。

---

① 项华，梁森山，吴俊杰.Ledong Scratch 互动教学平台的应用与研究 [J]. 教学仪器与实验,2011,27(01):16-18.
② 梁森山，中国创客教育蓝皮书 [M]. 北京：人民邮电出版社,2016.
③ 曾祥潘.基于开源硬件 Arduino 的小学机器人微型课程内容设计 [J]. 中国现代教育装备,2012(18):75-76.
④ 骆巍.开源平台在中小学机器人教学中的应用——基于 Arduino 的机器人学习平台建构与实践 [J]. 中国信息技术教育,2012(09):48-49.
⑤ 梁森山，武健，管雪沨.S4A 在教育中的应用价值 [J]. 中国信息技术教育,2014(05):9-11.
⑥ 谢作如. S4A 和互动媒体技术 [M]. 北京：清华大学出版社,2013.

2.2.1　Arduino UNO——典型代表

最早的 Arduino 诞生于意大利的一所媒体交互设计学院，于 2005 年发布并开源，这是开源硬件发展进程中最重要的事件之一。Arduino 之前的开源硬件更多地停留在理念层面，并没有形成实际影响力，Arduino 的成功唤起了人们对开源硬件的新思考。

Arduino UNO[①] 于 2010 年发布，是 Arduino 生态的典型代表，是 Arduino 官方硬件中最具代表性、影响最广泛、销量最多的主控板之一，也是国内中小学创客空间、科技社团里最常见到的 MCU 主控板，六个版本的高中《开源硬件项目设计》教材中都有介绍，其中四个版本选用了 Arduino UNO 作为教材的核心支撑教具。

Arduino UNO 同时也是 MCU 微控制器类开源硬件的典型代表，几乎能够满足微控制器的所有常见需求。Arduino UNO 主控芯片选择了 Atmega328[②]，是一个 8 位微控制器——俗称单片机，内核采用哈弗架构 AVR 精简指令，主频 16MHz，内部集成 32KB 的 Flash、2KB 的 SRAM 和 1KB 的 EEPROM，具有 14 个数字输入/输出引脚（6 个 PWM 接口），6 个模拟输入引脚，支持 UART、I²C、SPI、1-wire 等通信协议，支持 USB 供电和外部 7~12V DC 供电。

Arduino UNO 最具特色的设计之一继承自 Arduino 最早的设计——32 针的错位排母如图 2-2 所示，通过扩展板可以连接各种传感器、执行器等，这些种类多样的扩展板和周边功能模块一起构建了 Arduino 开源硬件的多样生态。

众多 Arduino 兼容硬件都是基于 UNO 板型开发的，Arduino 官方也坚持了 UNO 版型的基本形态，如图 2-3 所示。

2.2.1.1　Arduino Leonardo

Arduino Leonardo[③] 外形完全兼容 UNO，最大的不同是采用了 Atmega32U4 作为主控芯片，这颗芯片最大的特色就是内置了 USB 原生接口，这样就省去了 UNO 的串口转换芯片，还使得 Leonardo 不仅可以作为一个虚拟的（CDC）串行/COM 端口，还可以作为鼠标或者键盘连接到计算机。此外，Leonardo 的资源比 UNO 也

图 2-3　Arduino UNO 板型与引脚排列

---

① https://store-usa.arduino.cc/products/arduino-uno-rev3

② https://www.microchip.com/en-us/product/ATmega328.

③ https://store-usa.arduino.cc/products/arduino-leonardo-with-headers

略有提升，具备 20 个数字输入/输出引脚（其中 7 个可用于 PWM 输出、12 个可用于模拟输入）。

2.2.1.2　Arduino Mega 2560

Arduino Mega 2560[①]是 UNO 的尺寸拉长和资源升级版本，主控芯片选择了 Atmega2560，具备 70 个 GPIO、16 通道 ADC、14 通道 PWM、4 个 UART 接口、256KB 大容量 Flash、8KB 的 SRAM 和 4KB 的 EEPROM，足够运行相对复杂的控制程序，常用于开源 3D 打印的主控[②③]。

2.2.1.3　Arduino UNO Mini

Arduino UNO Mini[④]是 Arduino 16 周年的纪念板，是 Arduino UNO 的外形尺寸缩小板——只有 UNO 的一半大小，功能跟 UNO 完全一致，使用相同的微控制器 Atmega328、相同的 USB 转串行处理器 Atmega16U2。为了适应小尺寸，USB 接口改为 Type-C 接口，舍弃了外部 DC 插头连接器，改用两个引脚连接外部电源 VIN 和 GND，排母改成 1.27 间距，并增加 1.27 半孔工艺，便于嵌入项目工程里。

Arduino 官方的其他几款板子的差异，可以查看 Arduino 的官方网站，外形如表 2-3 所示。

表 2-3　Arduino 硬件

外形				
名称	Arduino UNO R3	Arduino Leonardo	Arduino Mega 2560	Arduino UNO Mini
外形				
名称	Arduino Due	Arduino Micro	Arduino Zero	Arduino UNO Wi-Fi

[①] https://store-usa.arduino.cc/products/arduino-mega-2560-rev3.

[②] Promarin K，Somwang P. Thermal Behavior of FDM 3D Printing by Using Arduino Mega 2560 Approach[C]// 2019 16th International Conference on Electrical Engineering/Electronics, Computer, Telecommunications and Information Technology (ECTI-CON). IEEE, 2020.

[③] 李文卿. Prusa I3 3D 打印机的优化设计与制作概述 [J]. 科学与信息化，2018(5):2.

[④] https://store-usa.arduino.cc/products/uno-mini-le.

2.2.1.4 UNO 之前的版本

在 UNO 版本之前的 Arduino 板子还有 Serial[①]、USB[②]、NG（Nuova Generazione）[③]、NG+、Diecimila[④]、Duemilanove[⑤] 等版本型号，如表 2-4 所示，可以看出 Arduino 在硬件方向上的演化路径。

表 2-4　早期 Arduino 硬件的演进

 Arduino Serial，于 2005 年推出并开源，是 Arduino 最早的版本，全部采用直播元器件，Atmega8 主控，代码容量 8KB，DB9 接口，RS23 串口通信	 Arduino USB，于 2006 年推出，改为 USB 接口供电，开始使用贴片 USB 虚拟串口芯片，第一次出现 Arduino 丝印，随后申请了商标保护，并延续至今
 Arduino Diecimila，于 2007 年推出，主控升级为 Atmega168，代码容量 16KB，首次实现无按键复位	 Arduino Duemilanove，于 2008 年发布，主控升级为 Atmega328，代码容量 32KB，优化供电方式增加外部电源自动切换

2.2.1.5 知名开源硬件企业推出 UNO 兼容板

除了 Arduino 官方长期维护硬件的升级与迭代之外，国内外知名的开源硬件企业也纷纷推出了各自的 UNO 兼容产品，如表 2-5 所示。这些产品在满足兼容性的同时，有些板子也增加了一些特色元素，比如 Seeeduino 系列增加了 3 个 Grove 接口，RedBoard 系列增加了 1 个 Qwiic 接口。

---

① https://docs.arduino.cc/retired/boards/arduino-serial.

② https://docs.arduino.cc/retired/boards/arduino-usb.

③ https://docs.arduino.cc/retired/boards/arduino-ng.

④ https://docs.arduino.cc/retired/boards/arduino-diecimila.

⑤ https://docs.arduino.cc/retired/boards/arduino-duemilanove.

表 2-5　不同企业推出的 UNO 兼容板

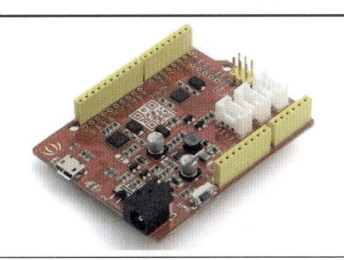 Seeedstudio 推出的 Seeeduino 系列，板子经过了重新布线，除功能、外形、引脚兼容 UNO 外，还增加了 Gove I²C 接口	 DFRobot 推出的 DFRduino 系列，板子经过了重新布线，功能、外形、引脚兼容 UNO，排母可以通过不同颜色区分
 Adafruit 推出的 Metro 系列，板子经过了重新布线，功能、外形、引脚兼容 UNO，增加了 5V 和 3.3V 电源选择，板载指示灯位置改到了边缘	 Sparkfun 推出的 RedBoard 系列，板子经过了重新布线，除功能、外形、引脚兼容 UNO 外，还增加了 Qwiic 接口，采用全面贴片工艺，背面平整

2.2.1.6　百花齐放的 UNO 兼容板

UNO 的板型与布局也是后续各类 Arduino 衍生系列的基础原型。由于 Arduino 具有完善的软件库生态，用户的使用门槛相对较低。

众多创业团队也参与了 Arduino 生态的建设，图 2-4 是以 Arduino UNO Compatible board 为关键字在 bing.com 上的图片搜索结果，可以间接佐证 Arduino 开源生态的强大力量。

图 2-4　众多的 Arduino 兼容板

为了更大范围地传播开源文化，Arduino 官方很早就推出初学者套件（见图 2-5），主要针对自学的个人用户需求，学习内容大多偏电子控制[1]。

图 2-5　Arduino 官方推出的初学者套餐

Seeedstudio 为初学者设计了许多套件。Grove 入门套件包括 Grove 扩展板[2]，多个 Grove 模块和用户手册（见图 2-6），同时提供大量课程供初学者学习[3]。

图 2-6　Seeedstudio 推出的 Grove 学习套餐

为了进一步提升 Arduino 的入门体验、降低初学者的入门门槛，LabPlus 推出了交互式可编程创客中级实验箱[4]（见图 2-7），面向班级教学和管理，用于大班授课，普及创客基

---

[1] https://store-usa.arduino.cc/products/arduino-starter-kit-multi-language.
[2] https://wiki.seeedstudio.com/Grove_System.
[3] https://wiki.seeedstudio.com/Grove-Beginner-Kit-For-Arduino/.
[4] http://wiki.labplus.cn/index.php?title=Duinoplusbox.

础素质，实现各种创意，提升创造思维能力。

图 2-7　LabPlus 推出的大班化教学实验箱

DFRobot 也推出了教育入门套件和教程[①]，帮助学生快速认识学习 Arduino，套件配备 LED 灯、电位计、电机、风扇、舵机、红外遥控器、电池盒等多种常见教学入门器件（见图 2-8），并配有详细的卡片式主题学习课程以及视频教学资源。

图 2-8　DFRobot 推出的分立元件学习套餐

2.2.2　Romeo——开源小车

Arduino 的开源还助推教育机器人走向开源与开放，国内众多的教育机器人机构也顺应开源的思潮，纷纷推出基于开源硬件的教育机器人产品。教科版《开源硬件项目设计》教材就选用了一款定制版的简易智能小车主控板。

Romeo[②] 是 DFRobot 于 2009 年开发的一款基于 Arduino 主控的机器人控制板，专为机

---

① https://www.dfrobot.com.cn/goods-149.html.
② https://wiki.dfrobot.com.cn/_SKU_DFR0004_RoMeo 控制器 V1_1_ 兼容 Arduino.

器人应用场景设计，如图 2-9 所示。与 Arduino UNO 相比，Romeo 集成了电机驱动、键盘、IO 扩展板、无线数据串行通信等接口，用户不需要在 Romeo 上叠插一堆扩展板，例如 IO 扩展板、电机驱动板等。

图 2-9　Romeo 开源主控及配套小车

机器人教育是开源硬件最早应用于教学实践的场景。Romeo 也是《Arduino 创意机器人》课程中选用的 Arduino 主控，并针对教学场景，做了特殊优化。Romeo 为解决大班教学中的驱动安装问题，对串口芯片进行免驱动设计改进，教师在教学中无须为各种驱动问题而困扰。

Romeo[①] 先后推出了 4 个不同的版本，以满足不同机器人应用场景的需求，不同版本之间的具体差别见表 2-6 所示。

表 2-6　不同 Romeo 版本对比

外　形				
板型	Romeo V1	Romeo V2	Romeo BLE	Romeo BLE mini
微控制器	Atmega328	Atmega32U4	Atmega328	Atmega328
电机驱动	L298P	L298P	L298P	TB6612FNG
SKU	DFR0004	DFR0225	DFR0305	DFR0351
USB输入电压	5V	5V	5V	5V
外部输入电压（电机）	6~20V DC	6~20V DC	5~23V DC	6.5~10V DC
数字口数量（IO/PWM）	14个/6个	23个/12个	14个/6个	8个/4个
模拟口数量	8个	7个	8个	4个
UART（硬串口）	1	2	1	1
USB接口类型	A-B 方口	Micro	Micro	Micro
尺寸/（mm×mm）	100×80	89×85	94×80	47.1×38.5

---

① https://wiki.dfrobot.com.cn/_SKU_DFR0225_Romeo_V2-All_in_one_Controller__R3.

2.2.2.1 Krduino

Krduino 也是一种 Arduino 主控板与机器人控制相结合的产品,这个板子把外型尺寸限定在和 UNO 同样的大小,主控同样选择了 Atmega328,最大限度在功能和软件上跟 Arduino 兼容,增加了电机驱动芯片和电机连接接口,预留无线蓝牙串口通信接口,其他 GPIO 引脚也做了优化布局、适合 3 pin 功能模块的连接,配合小车底盘很容易搭出一个教学用简易机器人[1]。图 2-10 是使用 Krduino 搭建的简易智能小车的样例,整体尺寸只有手掌大小,非常适合开展桌面级开源机器人项目式学习。

图 2-10　Krduino 主控板及配套小车

2.2.2.2 YwRobot

YwRobot[2] 开发的 Captain-EasyCar 是另一块 Arduino 与机器人控制相结合的主控板,外型尺寸也跟 UNO 同样大小,主控同样选择了 Atmega328,电机驱动芯片采用 TB66102,电机连接使用了专门的 PH2.0 接口,增加开关机电源拨动开关,其他 GPIO 引脚也做了优化布局、适合 3 pin 功能模块的连接,放弃了 UNO 排母接口,跟 EasyCar 的名称很匹配——生来就是为做小车准备的,一样很容易搭出一个教学用简易机器人出来。图 2-11 是使用 YwRobot 搭建的简易智能小车的样例,扩展了常用传感器之后,整体尺寸也只有手掌大小,同样适合在教室里开展桌面级开源机器人项目式学习。

图 2-11　YwRobot 主控板 Captain-EasyCar 及配套小车

---

[1] https://www.bilibili.com/video/av69379531/.
[2] http://wiki.ywrobot.net.

2.2.3 Microduino——层叠积木

奥林匹克精神是"更快、更高、更强",这个精神在科技领域也同样适用,不同的是,在电子科技领域,除了"更快、更高、更强"之外,还有"尺寸更小、功耗更低、可靠性更高"等追求目标,这样才能在可穿戴、嵌入式等领域大展拳脚,具体到开源硬件领域,Microduino 和 Arduino Nano 系列就是这方面的代表。

Microduino[①] 最大的特点是层叠式拼接,就像积木一样,是美科(北京)科技于 2013 年推出的系列轻量化产品,在尺寸有要求的项目中有独特优势,例如可穿戴类应用场景项目。Microduino 系列整个尺寸非常小巧,为 25.4mm×27.94mm(约一枚 1 元人民币硬币的大小)。Microduino-Core 主控采用 Atmega328,特点是使用了 U 型 27 pin 接口规范,拆分了 USB 串口通信模块和主控核心模块。Microduino 后来又演化出 mCookie[②] 系列产品,通过磁吸接口,可快速叠加并且兼容乐高的拼接,进行灵活扩展,这个系列都以小尺寸、易拼接闻名,如图 2-12 所示。

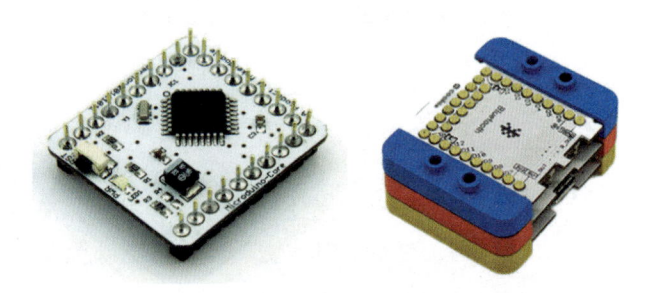

图 2-12　Microduino-Core 与 Cookie 拼接实例

为了解决集成度的问题,Microduino 采用了层叠的方式扩展不同的功能模块,图 2-13 是部分无线传输模块[③]。人教中图版和浙教版《开源硬件项目设计》教材,都选择了"智能鸟蛋"经典项目,这个项目使用的主控就是 Microduino,通信选择了蓝牙模块,完整的项目案例可以参阅人教版和浙教版《开源硬件项目设计》教材中的介绍。

2.2.3.1　Arduino Nano

Arduino Nano 是 Arduino 官方团队探索小尺寸微控制器最主要的成果之一,于 2013 年推出,可以看作是 UNO 的微型版本,区别是 Nano 的尺寸更加小巧,采用双列直插的接

---

① https://wiki.microduino.cn/index.php/Microduino-Core/zh.

② https://wiki.microduino.cn/index.php/MCookie-Core.

③ https://wiki.microduino.cn/index.php/Microduino_%E4%BA%A7%E5%93%81%E7%B3%BB%E5%88%97/zh.

Ethernet, WIZ　　Ethernet, ENC　　RJ45　　RS485

USBHOST　　nRF　　SmartRF　　ZigBee

BLE　　WIFI,CC3000　　WIFI,ESP　　GPRS

图 2-13　Microduino 推出的通信功能模块

口方式，可以直插面包板，如图 2-14 所示。

图 2-14　Arduino Nano 实物图

　　Nano 同时也是 Arduino 生态的典型代表，是 Arduino 官方硬件中最具代表性、影响最广泛、销量最多的板子之一。沪科教版开源硬件项目设计教材就介绍并选用了 Nano 作为教学载体。

　　Arduino 官方 Nano 系列的其他产品，在主控方面都升级到了 ARM 内核，其中 Nano Every 依然在 MCU 微控制之列，33IoT、RP2040、33BLE 还具备了无线通信功能，更偏向于 IoT 物联网属性,有兴趣的读者可以到其官网了解[1]。图 2-15 为 Arduino 官方在小尺寸

---

[1] https://www.arduino.cc/en/hardware#nano-family.

上推出的 Nano 系列产品[①]。

图 2-15　Arduino 官方推出的 Nano 系列产品

2.2.3.2　Arduino Mini

Arduino Mini 最早由知名开源硬件厂商 Sparkfun[②] 设计，更适合电子工程师，可以看作是 Nano 的简化版，去掉了 USB 串口芯片，体积更小，如图 2-16 所示，主控依然是 Atmega328，性能跟 UNO 和 Nano 保持一致。

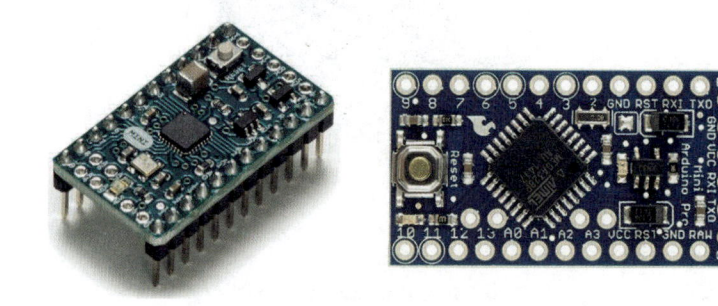

图 2-16　两种不同版本的 Arduino Mini

2.2.3.3　Arduino Micro

Arduino Micro 可以看作是 Nano 的强化版或升级版，采用了跟 Arduino Leonardo 相同的主控芯片 Atmega32U4，内置原生 USB 接口，省去了 USB 转串口芯片。除了可以模拟（CDC）串行/COM 端口之外，Micro 可以作为鼠标和键盘出现在连接的计算机上，资源上比 Nano 多出 4 个 GPIO 口，如图 2-17 所示。

---

① https://www.arduino.cc/en/hardware#nano-family.

② https://www.sparkfun.com/.

图 2-17　Arduino Micro 实物图

2.2.4　Mango UNO——跨越架构

Arduino 生态强大的不只是硬件，更是具有强大兼容性的软件，Arudino IDE 走向对不同内核架构的支持。

Mango UNO[①] 是 2019 年 Nulllab 开源团队[②] 借助 Arduino IDE 结合 LGT8XM 内核推出的 UNO 兼容板。LGT8XM 是一颗增强 8 位 RISC 内核，针对传统哈弗架构做了优化，指令执行速度更快，强化了浮点运算功能，同时优化了 Flash 设计，增加定时器 3，内置高精度晶振，增加 DAC 输出，ADC 升级到 12bit，主频最高可到 32MHz，功耗更低。2017 年最早推出 Arduino IDE 兼容 HSP 包[③] UNO[④] 和 Nano[⑤] 兼容的开源硬件设计，如图 2-18 所示。

图 2-18　Mango UNO 及 Nano

2.2.4.1　OCROBOT ALPHA

OCROBOT ALPHA[⑥]（见图 2-19）于 2018 年上市，是一款 Arduino 软件兼容的开发板，可以使用 Arduino IDE 进行开发（需要自己安装支持），推荐使用 OCROBOT 开发环

---

① https://www.openjumper.com/doc/mango-uno.
② https://gitee.com/nulllab/nulllab_arduino.
③ https://github.com/LGTMCU/Larduino_HSP.
④ https://oshwhub.com/d79996a64f724e2bad09e13ae52154d1/larduino_transfer_transfer.
⑤ https://oshwhub.com/d79996a64f724e2bad09e13ae52154d1/nano.
⑥ https://wiki.ocrobot.com/doku.php?id=ocrobot:alpha:8f328p-u:main.

境[1]，在"开发板管理器中"已经内置 LGT8XM 支持包。ALPHA 8F328P-U 主控芯片采用 LGT8F328P。USB 串口芯片使用的是合泰 HT42B534-1，解决了驱动兼容和稳定性问题，尽可能做到 WIN、MacOS、Linux USB 转串口免驱。

图 2-19　驱动兼容性更好的 OCROBOT ALPHA 实物图

LGT8FX 开源项目的作者还在 GitHub 上公开了一些测试案例和大量的例子[2]，除了沿用 Arduino 常见的 UNO、Nano、Mini 版型之外，也探索了新的 PCB 布局，如图 2-20 所示。

图 2-20　常见 LGT8XM 指全集兼容开源板

2.2.4.2　RISC-Vduino UNO

RISC-Vduino UNO[3]项目自 2021 年启动,是由 RISC-V 单片机中文社区[4]贡献者设计的一块开源硬件板，采用当下全球流行的 RISC-V 开源指令集设计的 MCU。

RISC-Vduino 使用 32 位 RISC-V 开源指令集芯片 CH32V103C8T6，频率可以达到 72MHz，可以用来处理更多的数学运算与通信控制，内置 RS485/CAN 等功能，更适合创客时代的 DIY 制作。早期样机如图 2-21 所示。

---

[1] https://wiki.ocrobot.com/doku.php?id=downloads.

[2] https://github.com/dbuezas/lgt8fx.

[3] https://gitee.com/risc-v-mcu-chinese-network/RISC-Vduino-UNO-RevC.

[4] https://gitee.com/risc-v-mcu-chinese-network/rtos_-rtthread_-risc-vduino-unorc.

图 2-21　RISC-Vduino UNO 样机

2.2.4.3　Ch55xduino

Ch55xduino[①]是一款基于传统 8051 内核的开源的主控板，主控芯片选择高性价比的 CH552，CH552 内置了 USB 原生接口软件与 Arduino 兼容。Ch55xduino 2020 年完成 Arduino 软件移植和 IDE 匹配工作，用户可以简单地在 Arduino IDE 中编写代码，然后点击一个按钮来刷新芯片以运行代码。Ch55xduino 开发者提供的硬件如图 2-22 所示。

图2-22　Ch55xduino开源项目提供硬件设计

OSHWHub 立创开源社区分别开源了 USBuino Nano[②]和 USBuino UNO[③]两个版本，如图 2-23 所示，UNO 版本保持跟 Arduino UNO 兼容，增加 Grove 接口便于简单传感器应用扩展，还可以粘贴 Mini 面包板用于课堂教学微实验，其中 Nano 版本只有 U 盘大小，便于直接焊在面包板上做项目原型验证。

---

① https://github.com/DeqingSun/ch55xduino.
② https://oshwhub.com/Touchey/usbee-nano.
③ https://oshwhub.com/touchey/usbuino-uno.

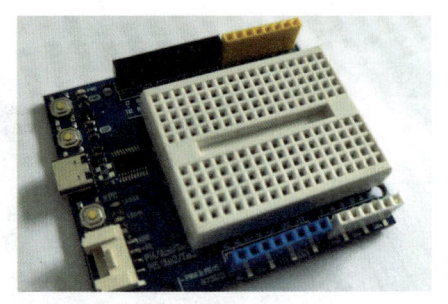

图 2-23　USBuino Nano 与 USBuion UNO 实物图

2.2.5　Seeeduino XIAO——小到极致

Seeeduino XIAO[①] 于 2020 年上市，最大的特色就是小，小至拇指大小（20mm×17.5mm），产品名称直接使用中文拼音"XIAO"命名，虽然 Microduino 和 Arduino Nano 系列也很小，但是 XIAO 几乎小到了极致——再小的话也失去了价值和意义。得益于 XIAO 的设计尺寸，它可以被灵活运用于多种嵌入式场景，特别是可穿戴设备和微小尺寸的项目。

XIAO 的另一个特色是"大本领"，与 Arduino UNO 相比，Seeeduino XIAO 的主频为 48MHz，是 Arduino UNO/Nano 的三倍，程序空间更大，同时兼容 Arduino IDE 和既有的 Arduino library。XIAO 具有 14 个通用输入输出接口（GPIO），11 个 ADC 接口，10 个 PWM 接口，1 个 I^2C 接口，1 个 SPI 接口，1 个 UART 接口。可以看出在功能上，XIAO 并没有继承 ATSAMD21 的所有性能，而是做了一定的取舍，保留了最常用、最重要的性能，充分展示了"减法的智慧"。

XIAO 还有一个特色是给板子穿了件"花衣服"。之前的电路板基本上都是"裸奔"的，俗称裸板，各种电子元器件可以直接被接触到。XIAO 使用金属屏蔽罩把所有的电子元器件封装起来，并在金属屏蔽罩上彩色丝印了引脚功能信息，使用户可以一目了然。这一方面增强了抗电磁干扰的性能；另一方面元器件不再被直接接触，起到了保护板子的效果，如图 2-24 所示。

在成功推出 XIAO 之后，Seeeduino 按照 XIAO 的外形尺寸和引脚布局，又陆续推出了 XIAO 系列产品，包括 XIAO RP2040[②]、XIAO BLE 和 XIAO BLE SENSE[③]，具体区别如

[①] https://wiki.seeedstudio.com/cn/Seeeduino-XIAO.

[②] https://wiki.seeedstudio.com/XIAO-RP2040/.

[③] https://wiki.seeedstudio.com/XIAO_BLE/.

表 2-7 所示，初步构建了一个 XIAO 生态。

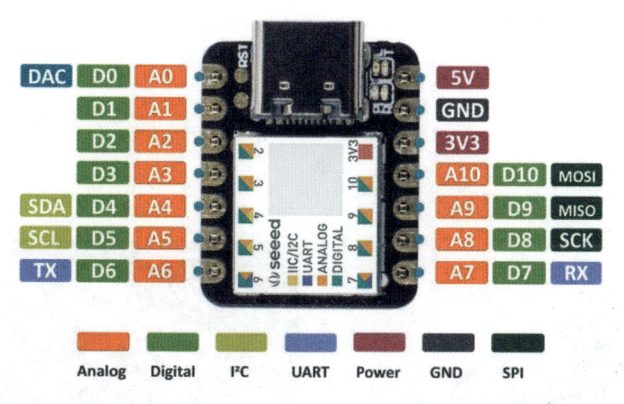

图 2-24 XIAO 的电磁屏蔽罩及彩色丝印

表 2-7 XIAO 系列产品对比表

产　　品	XIAO BLE SENSE	XIAO BLE	XIAO RP2040	Seeeduino XIAO
参考价格	119 元	79 元	49 元	49 元
Processor	CortexM4+@64MHz		Dual-core Cotex M0+@133MHz	CortexM0+ @48MHz
无线连接	Bluetooth 5.0		None	
Flash 闪存	2MB			256KB

为了展示 XIAO 的强大功能，Seeeduino 又推出了 XIAO 扩展板[①]，具备丰富的外部设备，包括 0.96 英寸 128×64 点阵 OLED、RTC、TF 卡可扩展存储器、无源蜂鸣器、用户按钮、5V 伺服连接器、4 个 Grove 接口等，能够以简单快捷的方式构建项目原型。XIAO 提供的功能丰富的扩展板如图 2-25 所示。

2.2.5.1　DFRobot Beetle

DFRobot Beetle[②] 推出的时间比较早，2013 年就上市了，外形尺寸与 XIAO 差不多，只有 20mm×22mm 大小，采用 V 形金色焊盘如图 2-26 所示。Beetle 主控芯片选择 Atmega32U4，可以看作是 Arduino Leonardo 的极简版本，具备和 Leonardo 类似的强大应

---

① https://wiki.seeedstudio.com/Seeeduino-XIAO-Expansion-Board/.

② https://wiki.dfrobot.com.cn/_SKU_DFR0282_Beetle_%E6%8E%A7%E5%88%B6%E5%99%A8.

用能力，特别适用于一次性的 DIY 项目制作和可穿戴电子应用。Beetle 具备 10 个数字口、4 个 PWM、5 个模拟输入和 2 组电源端口；通过 Micro USB 接口可直接下载、调试程序，无须借助编程器；V 形大尺寸镀金 IO 接口方便将导线拧于其上，也易于用导电线缝制在衣服上，也可以焊接排针之后扩展使用。

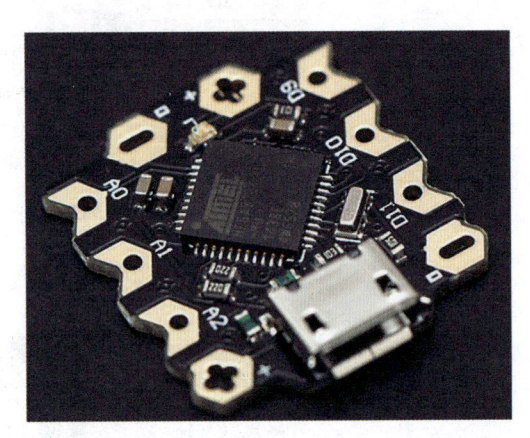

图 2-25　XIAO 提供的功能丰富的扩展板　　图 2-26　Beetle 外形特征及其特有的 V 形金色焊盘

2.2.5.2　RP2040-Zero

RP2040-Zero 开发板[①]于 2021 年上市，采用 RP2040 作为核心主控，并在极小板型下引出全部未占用引脚，采用半孔工艺，可以焊接在自定义的板子上，如图 2-27 所示。

图 2-27　RP2040 采用的半孔及焊排针后的效果图

RP2040-Zero 搭载了双核 ARM Cortex M0+ 处理器，运行频率高达 133MHz，内置了 264KB 的 SRAM 和 2MB 的板载 Flash，29 个 GPIO 引脚可以通过排针引出 20 个，具备多种硬件，外设 2 个 SPI 接口、2 个 I^{2}C 接口、2 个 UART 接口、4 个 12 位 ADC 输入通道和 16 个可控 PWM 通道，可通过 USB 识别为 U 盘进行拖拽式下载程序。

---

① https://www.waveshare.net/wiki/RP2040-Zero

2.3 第二大类IoT物联网类——MicroPython生态

常见教学用开源硬件第二大类 IoT 物联网类，是中小学信息技术和信息科技的重要教学内容和载体。2017 年版高中信息技术课程标准必修 2 模块的内容要求明确指出，学生"通过分析物联网应用实例，知道信息系统与外部世界的连接方式，了解常见的传感与控制机制"。

2022 年版义务教育信息科技课程标准八年级《物联网实践与探索》中也提到，学生"会使用实验设备搭建物联网系统原型，并通过实验平台读取、发送、接收、汇集和使用数据"。新课标更注重学生基于真实场景的跨科学项目实践，开源硬件将是项目实践的重要载体。

应用于创客教育的 Arduino 生态下的 MCU 微控制器类开源硬件，在面临高中信息技术课程中 Python 与物联网教学内容时，就遇到了一定的局限性——不支持 Python 语言、不具备网络属性。与此同时，以 MicroPython[①]为编程语言的微控制器逐渐引起了信息技术老师的关注。MicroPython 继承了 Python 的简便性，还支持许多标准 Python 库，让初学者可以通过低成本的方式和易于使用的微控制器，来快速实现硬件项目。

2.3.1　NodeMCU-ESP8266 与 NodeMCU-ESP32

NodeMCU 的目标是搭建一个超简单的物联开发平台，包括固件和 ESP 开发板，用户通过几行简单的 Lua 脚本就能开发物联网应用。NodeMCU 的固件最初是基于 ESP8266 开发的，现在该项目受到开源社区的支持，固件可以在任何 ESP 模块上运行[②]。

2.3.1.1　NodeMCU-ESP8266

第一代 NodeMCU 于 2014 年推出，是最早推出的开源 IoT 模块之一，是对 ESP8266 封装模块 ESP12 的二次扩展，采用双列直插的方式引出所有功能引脚资源，如图 2-28 所示，板载 USB 转串口调试接口，用来实现自动烧写固件；8 个通用 GPIO 口，均可复用为 PWM、I^{2}C、1-Wire；1 路

图 2-28　NodeMCU-ESP8266 实物图

---

① https://docs.micropython.org/en/latest/.
② https://nodemcu.readthedocs.io/en/dev-esp32/.

ADC；内置可用 RAM 为 160KB；内置 512KB FLash，用户可用存储空间 150KB。

2.3.1.2 NodeMCU-ESP32

NodeMCU-ESP32 可以看成是 ESP8266 的升级版，继承了类似 NodeMCU-ESP8266 的布局，如图 2-29 所示，尽可能跟 NodeMCU-ESP8266 保持兼容，核心主控采用 ESP-WROOM-32 系列模组，具有可扩展、自适应的特点，于 2017 年上市。相比于 ESP8266 的 160MHz 主频，ESP32 的时钟频率提升到 240MHz，新增低功耗蓝牙功能。同时支持 OTA 加密升级，方便用户在产品发布之后继续升级。

图 2-29　NodeMCU-ESP32 实物图

2.3.1.3 Wemos D1

Wemos D1 mini 是开发板基于 ESP8266 Wi-Fi 芯片模块的一个开源硬件，尺寸只有 24mm×35mm，比 NodeMCU 要小，可以看成是 NodeMCU-ESP8266 的精简版。Wemos D1[①] 开源[②] 教程[③] 最早于 2017 年发布，最大的贡献是做了 Arduino 的移植工作，使得广大新手用户可以使用 Arduino IDE 进行开发，既丰富了 Arduino 生态，也降低了用户的入门门槛。略有差别的两种 Wemos D1 mini 开发板如图 2-30 所示。

图 2-30　略有差别的两种 Wemos D1 mini 开发板

---

① https://www.wemos.cc/en/latest/d1/index.html.
② https://github.com/wemos.
③ https://www.wemos.cc/en/latest/tutorials/index.html.

2.3.1.4　LilyGo T-OI

LilyGo T-OI[①]于 2020 年上市[②]，在 Wemos D1 的基础上增加了 16340 锂电池充电功能，同样使用 ESP8266 Wi-Fi 芯片，让 IoT 设备具备了独立供电功能，同时电池座还可以作为作品支架来用，增加了实用性；增加 Grove I²C 接口，方便扩展各种 I²C 外设，增强了产品的扩展性；增加外置 Wi-Fi 天线接口，同时保留板载陶瓷天线，方便不同场合应用；产品尺寸严格限定在 16340 电池座大小（43mm×18mm），做到小巧精致，如图 2-31 所示。

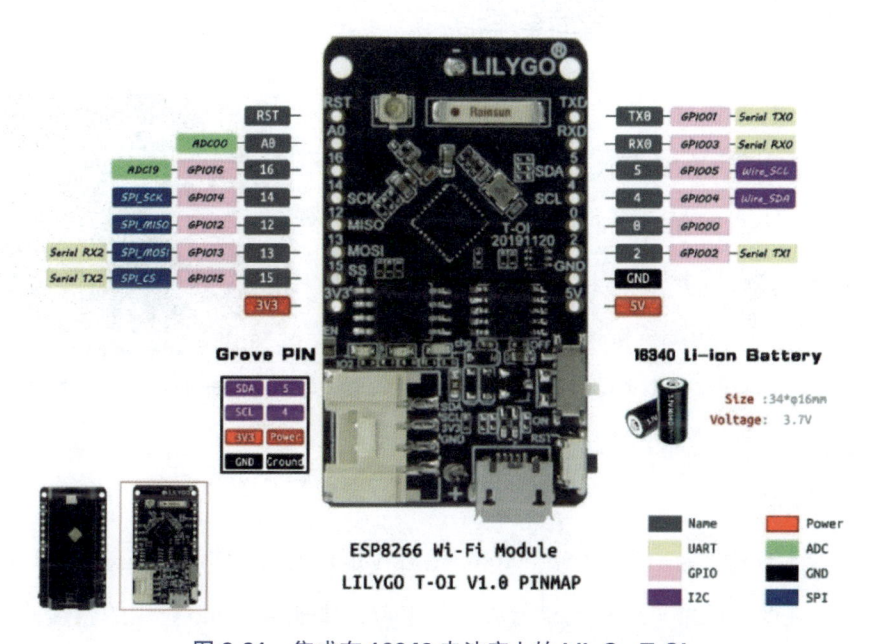

图 2-31　集成在 16340 电池座上的 LilyGo T-OI

2.3.1.5　ESP32-One

ESP32-One[③]于 2022 年上市，主控芯片选用 ESP32 Wi-Fi 芯片板型兼容树莓派 Zero，40 pin GPIO 接口可接入树莓派 HAT 模块适配各种物联网应用，如图 2-32 所示。最大限度地挖掘出 ESP32 的资源和性能，板载 OV2640 摄像头和数字麦克风，支持图像识别与语音处理；板载锂电池充电升压芯片，支持电池充放电和 USB 供电；兼容 Arduino 和 ESP-IDF 软件 SDK，无缝衔接 ESP-WHO 应用；板载 8MB PSRAM，4MB Flash 存储器；同时支持 SD 扩展，板载 USB 转 UART 芯片，方便进行串口调试下载；板载 4 个 LED 指示灯，方便查看系统运行状态。

---

① https://github.com/LilyGO/LILYGO-T-OI。
② http://www.lilygo.cn/prod_view.aspx?TypeId=50033&Id=1234&FId=t3:50033:3。
③ https://www.waveshare.net/wiki/ESP32_One。

图 2-32　ESP32-One 正、反面实物图

2.3.2　micro:bit——U 盘与金手指

micro:bit[①] 于 2016 年上市,是物联网类开源硬件在教育教学中应用的典型代表之一,尺寸只有 4cm×5cm 大小,正面有 5×5 的红色 LED 点阵,用以显示简单的字符或者图形,如图 2-33 所示。micro:bit 还集成了 2 个可编程按钮、3 轴加速度计、电子罗盘、MEMS 麦克风、扬声器、触摸感应、金手指焊盘等功能模块,单板即可实现多种玩法,给教学带来了便利性。

图 2-33　micro:bit 特有 5×5 点阵显示效果

除了标志性的边缘金手指之外,micro:bit 给教育带来的另一个福利就是——U 盘拖曳烧写程序代码。在此之前常见的代码烧写方式是串口,比如 Arduino 选用的就这种方式,但串口在驱动安装和兼容性问题上给教学带来了不少的困惑,很多教师没能迈进 Arduino 的大门,就是因为不会安装驱动。micro:bit 通过 U 盘拖曳的方式一下子把教师教学的门槛降了下来,教师和学生们之间可以像使用 U 盘复制文件一样分享和交流程序代码。这种 U 盘拖曳的方式正在影响更多的教学用开源软硬件的开发思维,比如虚谷号和 Maix-Ⅱ-Dock 的设计就参考了这种编程方式。

2.3.2.1　Meowbit

Meowbit 喵比特于 2019 年上市,属于 micro:bit 生态,硬件兼容 micro:bit 特征性的金手指,如图 2-34 所示。Meowbit 软件兼容 makecode,为突出游戏化教学场景,增加了四个方向键和两个功能选择键,是

图 2-34　掌机外形 Meowbit

---

① https://microbit-micropython.readthedocs.io/en/v2-docs/.

一款可以进行图形化编程、适合 STEAM 教育的游戏掌机，拥有高自由度，比如场景、角色形象以及剧情脚本都能够自由发挥，整个流程无须手动安装任何驱动或添加烦琐的依赖包。

喵比特不仅仅是一款游戏掌机，它同样也是一块机器人主控板，它引出的引脚与 micro:bit 兼容，可用于各类 micro:bit 扩展板，并且都可以使用相关的插件，内置锂电池，配备专用的卡通外套。

2.3.2.2 Nanobit

Nanobit[①] 是于 2020 年上市的一款微型主控板，使用与 micro:bit 相同的主控芯片 nRF51822，相比 micro:bit 具有更高的性价比。它和 micro:bit 拥有类似的传感器集成性，micro:bit 的编程平台，适合制作各类创客式项目。因外形酷似 Arduino 的 Nano 板子，因此命名为 Nanobit，如图 2-35 所示。

图 2-35　外形酷似 Arduino Nano 的 Nanobit

编程软件兼容 makecode 编程平台，使得 micro:bit 用户能够得心应手，可以用积木块拖出符合逻辑的程序，通过拖拽式一键下载的方式让程序在 Nanobit 中运行。

2.3.3　M5Stack Basic——方寸 5×5

M5Stack Basic[②] 最早于 2017 年上市，以外形尺寸 5cm×5cm 而得名，是 M5Stack 开发套件系列中的经典款。M5Stack 系列产品包括主机、功能模块、功能底座以及周边配件，均采用统一尺寸 5cm×5cm，用户可根据应用灵活选择不同的组件模块，快捷实现成品级的硬件项目。

M5Stack Basic 采用 ESP32 物联网芯片，集成 Wi-Fi 和蓝牙模块，内置 16MB 的 SPI 闪存，双核低功耗适用于多种物联网应用场景。M5Stack Basic 由两个可分离部分堆叠组成，顶部放置了电路板、芯片、各种电子元器件和一些接口组件；底部放置了锂电池、M-BUS 总线母座和边缘的拓展引脚。板载的显示屏和三个功能按键可以满足大部分的交互需求如

---

① https://www.yuque.com/kittenbot/hardwares/na.
② https://docs.m5stack.com/zh_CN/core/basic.

图 2-36 所示。

M5Stack Basic 有 30 多个可堆叠模块、40 多个可扩展单元组成的硬件拓展体系，能够快速搭建和验证物联网产品。M5Stack Basic 支持的开发平台有 Arduino 和 UIFlow（程序语言采用 Blockly、MicroPython 语言）。M5Stack Basic 采用了工业级外壳，工作性能稳定，除了验证和学习的功能之外，还可以加速开发和产品化的进程。

2.3.3.1　M5Stack Fire Kit

M5Stack Fire Kit[①] 于 2018 年上市，主攻高性能的运算处理器，内置九轴运动传感器（六轴姿态加速度计 + 三轴磁力计），配备具有更强性能的硬件资源：16MB Flash，8MB PSRAM 和更大容量的电池等。对于对硬件性能方面有所要求的教学应用场景，Fire 是另一个不错的选择。M5Stack Fire Kit 的堆叠方式如图 2-37 所示。

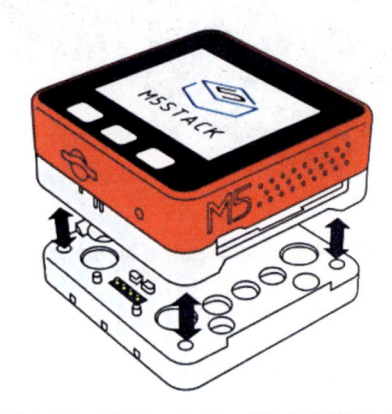

图 2-36　M5Stack Basic 上下层堆叠示意　　图 2-37　M5Stack Fire Kit 的堆叠方式

M5Stack Fire 配有三个可分离部件；顶层与其他的 M5 主机一样，放置了电路板、芯片、LCD 屏幕、2.4G 天线、各种电子元器件以及一些接口组件；中间层被称为 M5GO 底座，提供锂电池、M-BUS 总线母座、LED 条和三个 Grove 拓展端口；位于最底层的是充电底座，可以与 M5GO 底座通过 POGO 引脚进行连接和充电。

2.3.3.2　M5Stack Core2

M5Stack Core2[②] 于 2020 年上市，是对 M5Stack Base 进行重大升级后的产品，是为提高物联网开发者开发效率而开发的硬件工具。

M5Stack Core2 主控为 ESP32-D0WDQ6-V3，采用最新、性能最强的 Tensilica Xtensa® LX6 架构，主频 240MHz，内置 16MB Flash 和 8MB PSRAM。M5Stack Core2 正面搭载 2.0

---

① https://docs.m5stack.com/zh_CN/core/fire.

② https://docs.m5stack.com/zh_CN/core/core2.

英寸一体化电容式触摸屏,为教学和项目实践带来流畅的人机交互体验,如图 2-38 所示。

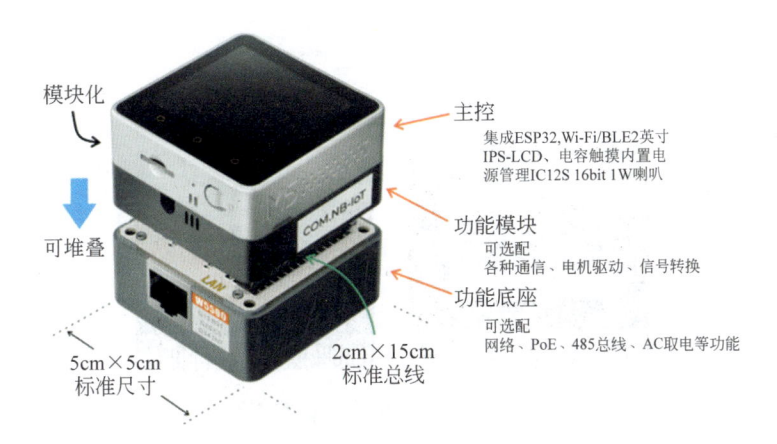

图 2-38　M5Stack Core2 的堆叠组合功能

配合 UIFlow 编程工具,M5Stack Core2 对各层面的硬件功能均作了 MicroPython 脚本化的封装,可直接调用,简化了调试编译工作,极大地降低了学习成本。采用 MicroPython+Blockly 的脚本、图形化开发方式,能对接行业上大多数工业通信接口以及云端服务接口,实现物联网应用快速开发。

2.3.4　掌控板（HandPy）——Python 与 IoT 教学

掌控板[1]也是 IoT 物联网类开源硬件在教育教学中应用的典型代表之一,2018 年由中国电子学会现代教育技术分会创客教育专家委员会推出,是最早推出的国产教学用开源硬件[2]之一,其平台也是面向中小学物联网实际教学过程中应用最广泛的国产开源硬件平台[3]之一。

掌控板最大的特点就是产品设计源自一线教学的需求,掌控板的每一个技术细节、每一个元器件的选择,几乎全部都由中小学教师提出。第二个特点是使用通用的 ESP32 国产物联网芯片,自带蓝牙和 Wi-Fi,完美解决了高中必修 2 和选择性必修 6 中联网和物联网的需求。选用通用芯片的另一个好处就是课堂所学知识和工程项目实践可以无缝结合、零门槛迁移,因为教学与工业和消费市场用的是同一块芯片。第三个特点是集成度高,性价比高,便于大范围推广和普及。

掌控板主控芯片主频达到 240MHz,板载 8MB Flash 和 520KB SRAM,具有 20 路数

---

[1] 周茂华. 中国原创开源硬件——掌控板为编程教育而生 [J]. 无线电, 2019(1):76-79.

[2] https://mpython.readthedocs.io/zh/master/index.html.

[3] https://github.com/vvplan.

字通道、5 路模拟通道，支持 I^{2}C、UART、SPI 等接口。掌控板集成了 6 轴加速度计、磁场传感器、光线传感器、触摸按键、蜂鸣器、RGB 灯等常用教学功能器件，如图 2-39 所示。

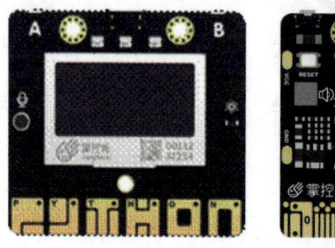

图 2-39 掌控板正、反面实物图

与 micro:bit 相比，掌控板正面有 1.3 英寸的 OLED 屏，用来显示简单的数字和图片，具有更灵活的显示方式和更好的显示效果。

2.3.4.1 掌控点

掌控点[①] 是掌控板的姊妹板，跟掌控板一起于 2018 年推出。两者最大的区别在于，掌控点采用了 5×5 全彩 LED 点阵显示，整体形态更像 micro:bit，通过编程可以显示数字、英文和表情图案等。人教中图版教材中展示了一个使用掌控点猜骰子的案例，如图 2-40 所示。

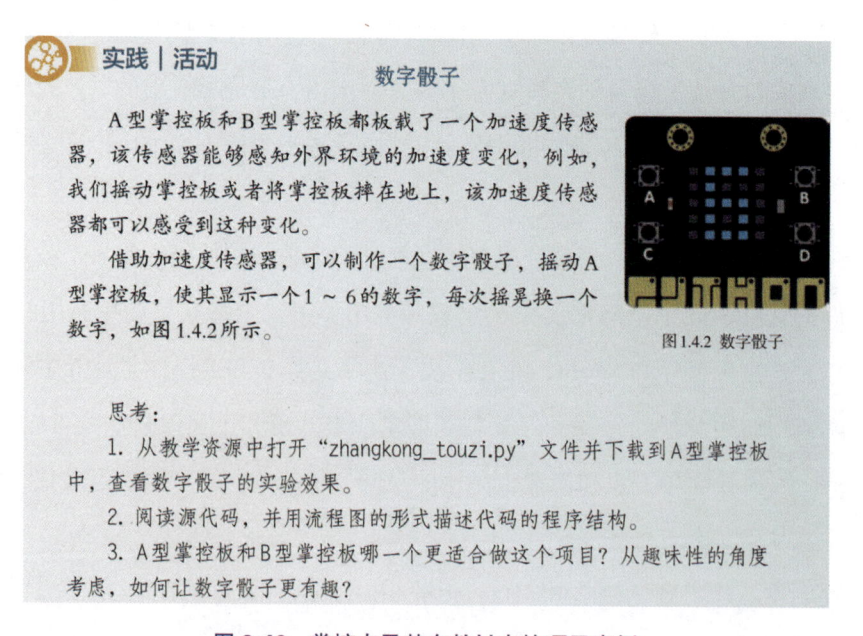

图 2-40 掌控点及其在教材中的项目案例

---

① 张金，周茂华. 普通高中教科书信息技术开源硬件项目设计 [M]. 北京：人民教育出版社，中国地图出版社，2020.

2.3.4.2 百灵鸽

百灵鸽[1] 于 2019 年上市，是由 N+ 实验室为掌控板研发的一款扩展板，除了小巧轻便、外形美观之外，还将掌控板的大多数引脚引出，方便学习者外接其他传感器，以实现自己的新奇想法。另外，百灵鸽还加入了效果更好的扬声器、音频输出孔、SHT20 温湿度传感器、MPU6050 六轴陀螺仪等，使掌控板能实现更多的功能，如图 2-41 所示。

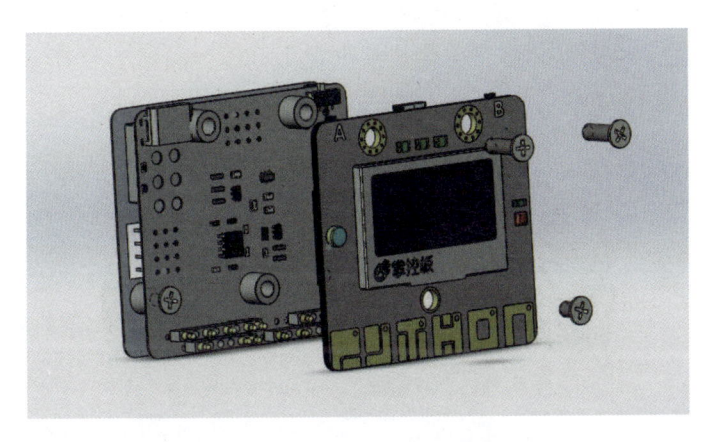

图 2-41　百灵鸽与掌控板的连接方式

2.3.4.3 掌中宝

掌中宝[2] 于 2019 年上市，是掌控板的官方原配拓展板，采用镀金顶针方式与掌控板金手指导通，尺寸紧凑精准。掌中宝在保留掌控板触摸引脚 P、Y、T、H、O、N 的同时，将掌控板其他功能引脚引出，内部集成 2 路电机驱动，如图 2-42 所示。掌中宝支持文字转语音（Text To Speech）的语音合成，喇叭最大输出功率 1W，内置 330mAH 锂电池，支持锂电池循环充电。

图 2-42　掌中宝正、反面实物图

---

[1] https://nplus-doc.readthedocs.io/zh_CN/latest/electroics/exboard/lark.html.
[2] http://wiki.labplus.cn.

2.3.5 童芯派（CyberPi）——赛博之道

童芯派[①]于2020年上市，也是一款基于ESP32芯片的双核32位微控制器，其定位是支持AIoT与Python教学。

童芯派核心主控为ESP32-WROVER-B，主频240MHz，内置8MB Flash和520KB SRAM，自带陀螺仪额加速度计和光线传感器，另外还设有摇杆、功能按钮等常用输入设备。童芯派搭载1.44英寸全彩显示屏，可将数据可视化呈现，如图2-43所示。童芯派板载麦克风与扬声器，可以联网实现语音识别、文本朗读等功能。

图 2-43 童芯派开机界面

2.4 第三大类SBC单板机类——Python硬件教学

常见教学用开源硬件第三大类是SBC单板计算机，英文全称为"Single Board Computers"，简称单板机，是将各个部分都封装在一块印刷电路板（PCB）上的计算机。因为其尺寸一般限定在信用卡大小，故又称为卡片计算机或卡片式电脑，简称卡片机或卡片电脑。最常见的用法是"接上键盘和鼠标，连接显示器，就是一台电脑"。单板机通常安装Debian或Ubuntu系统，配置一定的软件开发环境，预装常用的办公软件，有些也会增加一些教育软件。

MicroPython为了适配微控制器，裁剪了大部分标准库，仅保留了部分模块，如math、sys的部分函数和类。此外，针对MicroPython开发的标准库，有很多地方与Python标准模块也不完全兼容，如json、re在MicroPython中变成了用以u开头的ujson、ure表示。所以对于学习过Python的人来说，MicroPython更像是另外一种语言，与标准Python的用法有很多的不同之处，这给Python教学的衔接带来了困难。

---

① http://www.mblock.cc/doc/zh/hardware-guide/cyberpi/cyberpi.html。

如何让中小学的 Python 教学更加体系化，更加符合学生的学习认知规律，是信息技术教师们全新的探究课题，一条最有可能的技术路线是逐步从微控制器跃迁到 SBC 单板计算机领域。

2.4.1 BeagleBone——盛名之下

BeagleBoard[1]是 SBC 单板计算机的典型代表之一。第一代开发板 BeagleBoard 于 2008 年推出，第三代开发板 BeagleBone 诞生于 2013 年，从这一代开始将 GPIO 口统一放置到了开发板的两侧，尺寸大小为 86.36mm×54.61mm，如图 2-44 所示。

图 2-44　BeagleBoard 与 BeagleBone Green 实物图

BeagleBoard 系列开发板均采用德州仪器 ARM 处理器，长期坚持开源硬件设计并且默认运行开源软件，BeagleBoard 在开放程度上最接近 Arduino 开源了几乎所有的设计图，并允许被任何人复制、修改和使用。

Seeedstudio BeagleBone Green（BBG）[2]是专为开发者和业余爱好者设计的、低成本、开源、社区支持的开发平台。BBG 的特色在于它包含两个 Grove 连接器，这使其更容易连接到 Seeedstudio 生态下大量的 Grove 传感器及模组。

虽然 BeagleBone 在各种媒体报道中常常见到，也常常出现在一些学术论文里，甚至有教材还介绍了 BeagleBone，但从多年的一线教学经验来看，在中小学校园里几乎看不到这块板子的身影，也见不到这块板子的周边配套产品。

2.4.2 Raspberry Pi（树莓派）——一派宗师

Raspberry Pi 也是 SBC 单板计算机的典型代表之一，第一代产品于 2012 年上市，是

---

[1] https://beagleboard.org/.

[2] https://wiki.seeedstudio.com/BeagleBone.

市面上各种"派"的共同原型，堪称一代宗师，有一种说法叫作"一直被模仿，从未被超越"，用这句话来描述树莓派是恰当的。

Raspberry Pi4[①]是一款基于 BCM2711 芯片的四核 64 位单板计算机，主频 1.5GHz，内置 500MHz VideoCore GPU，最高支持 4K 分辨率的双显示屏，常规配置 4GB LPDDR4 RAM（可选择 1~8GB），TF 卡作为系统存储媒体，支持 2.4/5.0 GHz 双频无线 LAN、蓝牙 5.0/BLE、千兆以太网、USB 3.0 和 PoE 功能，如图 2-45 所示。

图 2-45　焊入 TF 卡后的树莓派 4B 实物图

Raspberry Pi OS 是树莓派官方推出的操作系统，适用于所有型号的树莓派，树莓派基金会网站也提供了 Ubuntu MATE、Ubuntu Core、Ubuntu Server、Manjaro 等第三方操作系统供大众下载。

华东师大版《开源硬件项目设计》选用了 Arduino 与 Raspberry Pi 作为实验验证器材；沪科教版、粤教版《人工智能初步》都选用了 Raspberry Pi 作为主要实验器材之一。

树莓派从硬件性能上完全能满足运行 Python 教学的需求，但是没有配置板载存储，需要通过外置 TF 卡启动（或者从 U 盘启动），新手用户需下载相应镜像，并通过额外的读卡器将其烧写在 TF 卡上制作系统盘，这给中小学日常教学带来了极大的操作难度。

2.4.2.1　香蕉派（Banana Pi）

香蕉派 BPI-M2 Zero[②]于 2017 年上市，是一款极小型的开源单板计算机，板型上兼容 Raspberry Pi Zero，采用全志 H2+ 芯片方案 Cortex-A7 四核 ARM 架构，主频可达 1.2GHz，也可以兼容全志 H3，尺寸大小为 60mm×30mm，支持板载 2.4G Wi-Fi 与蓝牙、512MB DDR3 内存、40 pin 树莓派标准接口 Mini HDMI 接口，如图 2-46 所示。

---

① https://www.raspberrypi.com/products/raspberry-pi-4-model-b/.

② http://www.banana-pi.com/acp_view.asp?id=110.

香蕉派开源硬件系列开发板的开发文档、软件、硬件（包括原理图）全部公开，希望所有开发者都能够参与到其营造的开源生态之中。香蕉派 BPI-M2 Zero 支持 Android、Debian linux、Ubuntu linux、Raspbian 系统[1]，可以支持复杂的物联网应用项目，各类教育应用[2]也游刃有余。

2.4.2.2 Rock Pi 4B

Rock Pi 4B[3]于 2018 年上市，是一款基于国产高性能芯片 RK3399 的单板计算机，采用了双核 Cortex-A72+ 四核 Cortex-A53 大小核融合架构，大核主频高达 2.0GHz，具有超强处理能力，流畅运行主流 Android 和 Linux 系统；采用 64 位双通道 3200MB/s LPDDR4，内存大小 1~4GB 可选；搭配 Mail-T860 高性能 GPU 图形处理，支持双目视觉测距；板载 eMMC 固态存储并支持 SATA 和 SSD 扩展；采用 USB Type-C 接口供电并支持 USB PD 和 QC 供电，支持双频 Wi-Fi 和蓝牙 5.0；具备千兆网口、4 个 USB 接口；引出 40 pin 和 SPDIF 等树莓派标准接口，板子外形和接口都最大限度兼容树莓派，可以看作是树莓派高端型号的替代方案，如图 2-47 所示。

图 2-46　香蕉派 BPI-M2 Zero 实物图　　　　图 2-47　Rock Pi 4B 实物图

2.4.2.3 香橙派（Orange Pi）

香橙派 R1 Plus LTS[4]于 2020 年上市，主控选用瑞芯微 RK3328 芯片，属于 64 位 1.5GHz 高性能四核 Cortex-A53 处理器，板载 1GB LPDDR3 运行内存，集成了 2 个千兆以太网卡，可以看作是软路由器的硬件定制版本。同时，它集成散热风扇接口、USB 2.0 接口、TF 卡插槽、Type-C 供电、调试串口等，支持 Android、Ubuntu、Debian、OpenWRT 等操

---

[1] https://wiki.banana-pi.org/Banana_Pi_BPI-M2_ZERO.
[2] https://wiki.banana-pi.org/Getting_Started_with_M2_Zero.
[3] https://wiki.radxa.com/Rockpi4/zh_cn.
[4] http://www.orangepi.cn/html/hardWare/computerAndMicrocontrollers/details/Orange-Pi-R1-Plus-LTS.html.

作系统，如图 2-48 所示。香橙派 R1 Plus LTS 跟虚谷号的 CPU 相同，理论上可以运行虚谷号上的教学应用和课程资源，也可以看作是虚谷号的一种替代方案[1]。

2.4.2.4 香橙派 Zero2

香橙派 Zero2[2]是对香橙派 Pi Zero 的升级，采用全志 H616 新一代高性能四核 Cortex-A53 处理器，

图 2-48 香橙派 R1 Plus LTS 实物图

有 512MB/1GB DDR3 两种内存规格可选，支持多种视频格式的解码，Micro-HDMI 输出支持 4K 显示，GPU 升级到了 Mali-G31MP2。香橙派 Zero2 还可以通过 13 pin 接口配合转接板，扩展出耳机接口、2 个 USB 2.0 接口、TVout 和红外操控的功能；板上的 26 pin 扩展功能口跟树莓派保持兼容，进一步丰富了主板的功能接口，提升了开发的潜力[3]，可以看作是一种面向未来的卡片计算机，立创开源社区还专门有人为其设计功能扩展板[4]，如图 2-49 所示。

图 2-49 Orange Pi Zero2 及开源社区推出的拓展板

2.4.3 pcDuino——教育先行者

pcDuino 于 2013 年上市，主控选用全志 A20 芯片，采用双核 Cortex-A7 和 Mail400 GPU 架构，主频 1GHz，板载 1GB DDR 内存和 2GB Flash 存储，也可通过 TF 卡扩展到 32GB，可以进行 Ubuntu 和 Android 系统，具备 2.4G Wi-Fi 网络模块、2 个 USB 接口、HDMI 显示接口、SATA 硬盘接口、RJ45 网络接口等，板子尺寸 125mm×52mm，连接

---

[1] http://www.orangepi.cn/html/hardWare/computerAndMicrocontrollers/service-and-support/Orange-Pi-R1-Plus-LTS.html.
[2] http://www.orangepi.cn/html/hardWare/computerAndMicrocontrollers/details/Orange-Pi-Zero-2.html.
[3] http://www.orangepi.cn/html/hardWare/computerAndMicrocontrollers/service-and-support/Orange-Pi-Zero-2.html.
[4] https://oshwhub.com/liuzewen/orange-pi-zero2-hat.

HDMI 显示器、键盘、鼠标即可作为通用计算机使用，如图 2-50 所示。

图 2-50　pcDuino 实物图

pcDuino 可以看作是 Mini PC 和 Arduino Shield 结合体的单板计算机，一开始就关注教育领域，为教育教学提供开源软件和开源硬件融合一体的软硬件开发平台。兼容 Arduino UNO 扩展接口是 pcDuino 最大的亮点之一，也是最早 Pi 生态和 Arduino 生态融合创新的尝试，在软件方面也为 Arduino 匹配定制化的集成开发环境。为了开拓中小学教学应用，pcDuino 还做了 Scratch 的移植工作，是单板计算机中小学教学应用的先行者。

2.4.4　虚谷号（vvBoard）——虚谷计划

虚谷号[1]于 2018 年由中国电子学会现代教育技术分会创客教育专家委员会发布[2]，是虚谷计划的重要组成部分[3]，是为中小学 Python 编程和人工智能教育设计的一款中国原创开源硬件平台[4][5]。

虚谷号主控选择 RK3328 芯片，属于四核 Cortex-A53 架构，主频 1.5GHz，内置 Mali-450MP2 GPU，板载 SSD，具有高速大容量运算处理能力，2GB DDR2 内存和 32GB eMMC 存储，运行定制化 Ubuntu 系统；具备 2.4G Wi-Fi 和蓝牙网络模块，保留 1 个 Mini HDMI 接口，1 个 USB OTG 接口，1 个 USB 2.0 接口，1 个 USB 3.0 接口，引出 1 个 I^2C

---

[1] 虚谷号介绍 https://www.dfrobot.com.cn/goods-2576.html.
[2] 于方军, 乔君. 认识"虚谷号"[J]. 中国信息技术教育, 2019(09):76-77.
[3] https://github.com/vvlink.
[4] https://github.com/scope833093/vvBoard.
[5] 谢作如, 樊绮. 虚谷物联来了[J]. 中国信息技术教育, 2019(19):4.

接口，如图 2-51 所示。虚谷号既可以作为一台全功能的迷你教育计算机，又可以通过 U 盘和无线模式在普通机房使用，更适合大班教学。

图 2-51　虚谷号实物图

与树莓派和 pcDuino 都不同的是，虚谷号板载了一块与 Arduino 相同的主控芯片 Atmega328，用于处理 MCU 实时事件，扩展接口兼容 Arduino UNO，提供多种数字和模拟接口（如 1 个 UART、14 个 GPIO、4 个 PWM、6 个 ADC 等），引脚排列也完全兼容 Arduino UNO，提高了硬件兼容性和拓展性。虚谷号运行 Ubuntu 桌面系统，内置了常用的 Python（Jupyter notebook）、Arduino、Scratch、OpenCV 等教学软件。虚谷号同时支持 U 盘模式，与树莓派相比，提高了教学便利性。

2.5　第四大类无桌面SBC类——PythonIoT硬件教学

跟常见教学用开源硬件第三大类 SBC 单板机相比，第四大类无桌面 SBC 单板机在软件上抛弃了桌面应用，运行无桌面系统，也就是服务器版本；在硬件上一般刻意去掉了 HDMI 接口。之所有采用这种配置方式，完全是基于对中小学信息技术和信息科技教学现实的考虑。

对于 SBC 单板机在教育中的应用而言，在多数教学场景下，需要配备一些常用的外接设备，比如显示器、鼠标、键盘、电源等配件，这无疑给教师们额外增添了较大的教学负担。由于需要外接显示器，所以对于单板计算机的 CPU 和 GPU 的性能要求都相对较高，硬件成本也就随之提高。另外，Linux 操作系统对于初学者依然存在较高门槛，给中小学 Python 硬件教学的易用性带来了极大挑战。

如何让Python硬件教学既能满足教学的易用性，硬件成本又能达到具备普及化的程度，成为教育专家和行业从业者思考的新问题。于是就有了无桌面SBC单板机的设想——把SBC变成教室里常见的普通计算机的外设，通过一根USB线登录后台并利用无桌面SBC单板机上的Python和IoT等教学资源，进而有了PythonIoT的技术路线。

2.5.1　香橙派Zero——老树开花

香橙派Zero[1]是香橙派系列具有代表性的产品之一，于2016年发布，CPU选用H2或H3+，是一款典型的无桌面单板计算机，在硬件方面主动放弃了HDMI接口，软件上运行Debian、Ubuntu、Armbian等无桌面操作系统，整体功耗大幅度下降，稳定性得以提升。

香橙派Zero采用四核ARM Cortex-A7架构，主频1.2GHz，内置600MHz Mali400MP2 GPU，采用512MB DDR3内存（与GPU共享），香橙派Zero尺寸小巧，仅46mm×48mm小型开发板。集成以太网、百兆板载网口、板载存储、USB OTG供电、USB 2.0端口、TF卡槽等，如图2-52所示。

图 2-52　香橙派 Zero 及其 PythonIoT 改造

香橙派Zero提供26 pin扩展接口，可以兼容树莓派标准接口，同时提供13 pin功能接口，带有2个USB接口，具备红外、Audio（Mic、AV）等功能。

和树莓派相比，香橙派具有超高性价比，可以支持各种行业应用，比如电视盒子、音乐播放器、扬声器、无线网络服务器等。但香橙派Zero并没有针对教育场景做过特殊优化，所以对于初学者来说，上手难度较高。

PythonIoT-Grove-UNO[2]是从香橙派Zero到PythonIoT面向教学应用的一种探索，是

---

[1] http://www.orangepi.cn/html/hardWare/computerAndMicrocontrollers/details/Orange-Pi-Zero.html.
[2] https://oshwhub.com/armbian-pythoniot/pythoniot-grove-uno.

基于 Armbian[①]和 Python 语言的一种 IoT 项目框架，只需一根 USB 线即可实现即插即用的 Python 教学环境，如图 2-53 所示。

PythonIoT-Grove-UNO 硬件上继承了 Arduino UNO 微控制器功能，引出 6 个 Grove 接口，板载的 OLED 显示器方便显示各种信息，如图 2-52 所示。香橙派 Zero 教学目标定位在体验 Linux 操作系统（终端命令行）、学习 Python 编程（基于 Jupyter）、物联网硬件编程（SIoT/MQTT）、网络通信原理实验、OpenCV 人脸识别等。

图 2-53　PythonIoT-Grove-UNO 实物图

2.5.1.1　NanoPi NEO Air

NanoPi NEO[②] 和 NanoPi NEO Air[③]（以下简称 Air）于 2018 年同时上市，是一款大小只有 40mm×40mm 的无桌面 SBC，性能和接口布局上跟香橙派 Zero 类似，采用全志 H3 主控芯片，属于四核 Cortex-A7 架构，主频 1.2GHz，提供 512MB DDR3 内存，管脚兼容 26 pin 树莓派 GPIO，NanoPi NEO Air 集成 AP6212 Wi-Fi 蓝牙模块，支持 microSD 卡启动运行系统，并带有 YUV422 并行摄像头接口，最高可支持 500W 像素 CMOS 摄像传感器，如图 2-54 所示。

图 2-54　NanoPi NEO Air 及其配套外设

---

① https://www.armbian.com/.
② https://wiki.friendlyelec.com/wiki/index.php/NanoPi_NEO/zh.
③ https://wiki.friendlyelec.com/wiki/index.php/NanoPi_NEO_Air/zh.

2.5.1.2 Rock Pi S

Rock Pi S[①]于 2019 年上市，是 Radxa 团队基于 RK3308 芯片设计的开发板。它搭载 64 位四核 ARM Cortex-A35 处理器，主频 1.2GHz，DDR3 RAM 容量从 256MB 到 512MB 可选，这款 1.7 英寸的小板还带有 USB 和网口等接口，并可选带有蓝牙 / 无线模块的不同的型号以满足不同的项目需求，同时集成 6 通道数字声卡功能，具备一定的智能语音处理能力，如图 2-55 所示。

图 2-55　Rock Pi S 实物图

2.5.2 行空板（Unihiker）——新晋之路

行空板[②]于 2021 年年底发布，是一款基于瑞芯微 RK3308 芯片的四核 64 位单板计算机，是专为中小学 Python 教学设计的新一代国产无桌面单板计算机。Rock Pi S 采用 ARM Cortex-A35 架构，主频 1.2GHz，内存 512MB DDR3，硬件存储 16GB eMMC，配有 GD32VF103 RISC-V 架构的协处理器（主频 108MHz，64KB Flash，32KB SRAM），用于高效处理实时数据。

不同于其他单板机的使用方式，行空板自带 Rebian 操作系统和 Python 编程环境，而且内置常用 Python 库，初学者无须对 Linux 操作系统进行任何配置，只需将行空板连接电脑，即可开始 Python 编程。行空板板载 2.8 英寸 LCD 彩屏、蜂鸣器、麦克风及常用传感器，搭配外设接口，可以快速实现硬件项目，如图 2-56 所示。

行空板针对中小学物联网教学场景做了特殊优化。

图 2-56　行空板正反面实物图

内置运行 SIoT 物联网服务，板载 Wi-Fi、蓝牙和热点等功能，教师无须为教室无网络问题而困扰。在物联网系统中，行空板可以同时承载智能终端、移动终端等多种设备，实现物联网与 Python 教学软硬件工具的一致性。

---

① https://wiki.radxa.com/RockpiS.
② https://www.unihiker.com/.

2.6 第五大类AI算力加速类——AIoT人工智能教学

常见教学用开源硬件第五大类 AI 算力加速，在国家课程上跨越了《开源硬件项目设计》和《人工智能初步》的教学需求。

第五大类教学用开源硬件都具备一定的 AI 算力加速单元，如图 2-57 所示。不同之处在于，有些 AI 算力单元寄生在 MCU 微控制器上，形成 MCU+AI 的架构，以 K210 为代表，这类产品性能相对软弱，一般用于特定领域，可移植性差，迁移成本高，属于 AIoT 的入门级方案；有些 AI 算力单元寄生在标准 Debian、Ubuntu 或 Armbian 操作系统上形成 SBC+AI 的架构，性能强劲，内存一般在 256MB 以上，软件移植性好，通用性强，以 Jetson Nano、冲锋舟、MaixSense 为代表，属于 AIoT 的高端方案；有些 AI 算力单元寄生在 OpenWRT 或 Tina 等嵌入式 Linux 操作系统上，硬件一般把 CPU、DDR 内存和 AI 加速单元等封装成片上系统（SOC），形成 HSBC+AI 的架构，内存要求相对较低，一般在 32MB 到 128MB 之间，以 Maix-Ⅱ-Dock 为代表，性能介于前两者之间，稳定性、可移植性、通用性等指标也介于前两者之间，属于 AIoT 的中间方案，价格是 HSBC 产品的优势，且能够满足绝大多数的中小学人工智能教学的需求。

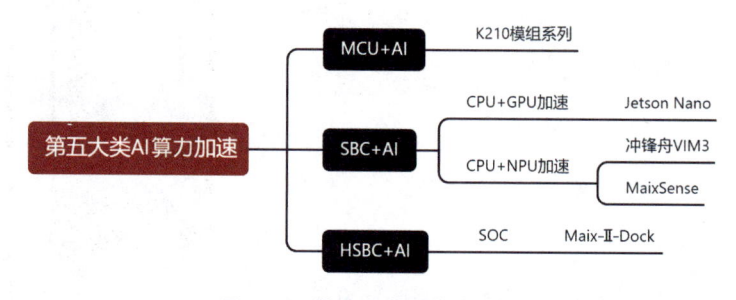

图2-57　第五大类AI算力加速

自 2017 年国务院印发关于《新一代人工智能发展规划的通知》以来，各行各业抢抓人工智能发展的重大战略机遇，构筑我国人工智能发展的先发优势，加快建设创新型国家和世界科技强国，已是国家战略方向。当下人工智能人才远不能满足需求，教育相关部门需支持开展形式多样的人工智能科普活动，鼓励广大科技工作者投身人工智能的科普与推广，在中小学阶段设置人工智能相关课程。

新版义务教育阶段信息科技课程标准与高中阶段信息技术课程标准，都对人工智能的教学内容提出了相应要求。义务教育课程标准明确指出，人工智能是六大逻辑主线之一，需贯穿整个义务教育阶段的信息科技课程内容。在高中课程标准中，设有独立模块，《人工智能初步》为选择性必修六大模块之一。具备 AI 加速性能的教学用开源硬件，也逐渐进入信息科技教师的视野中。

2.6.1　K210 模组——AIoT 入门

K210 系列 AI 算力加速模组是最常见的 AIoT 教学入门硬件之一。M1/M1W/M1n[①] 模块是基于 K210 边缘智能计算芯片设计的 3 款 AIoT 模块，M1W 模块嵌入无线 Wi-Fi 功能，具备联网功能，二者之间的差别见图 2-58。M1 于 2018 年上市，M1W 和 M1n 随后于 2019 年上市，都属于中小学人工智能教学中最常见的 AIoT 设备。人教中图版《人工智能初步》选用了 K210+ 掌控板方案作为实验验证器材之一。

图 2-58　基于 K210 芯片的系列模组

M1/M1W/M1n 模块主控芯片 K210[②]是一款采用 RISC-V 架构的双核 64 位微控制器，使用超低功耗的 28nm 先进制程，内置 8MB 的片上 SRAM，功耗仅为 300mW，算力可达 1TOPS，每秒钟可进行一万亿次操作，适配边缘侧场景的需求，内置多种硬件加速单元（KPU、FPU、FFT 等），拥有较好的功耗性能、稳定性与可靠性。

2.6.1.1　Maixduino

Maixduino[③]于 2019 年上市，是基于 M1 模块开发的一款外形兼容 Arduino UNO 的开发板，是一款中小学人工智能教育最常用的 AIoT 主控板之一。Maixduino 集成摄像头、TF 卡槽、用户按键、TFT 显示屏、Maixduino 扩展接口等，用户可使用配套软件 MaixPy 轻松搭建一款人脸识别门禁系统，如图 2-59 所示。

[①] https://wiki.sipeed.com/hardware/zh/maix/core_module.html.

[②] https://www.canaan.io/product/kendryteai.

[③] https://wiki.sipeed.com/hardware/zh/maix/maixpy_develop_kit_board/maix_duino.html.

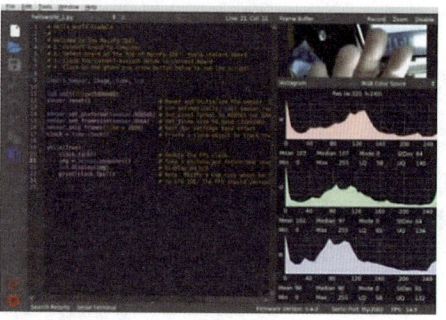

图 2-59　Maixduino 实物及 MaixPy 开发环境

2.6.1.2　MaixCube

MaixCube[1]于 2020 年上市，是基于 K210 M1n 模块开发的一款集学习开发和项目验证为一体的人工智能学具，如图 2-60 所示。MaixCube 集成摄像头、TF 卡槽、用户按键、TFT 显示屏、锂电池、扬声器、麦克风、扩展接口等，用户可使用 MaixCube 轻松搭建一款人脸识别门禁系统。同时，MaixCube 还预留 Grove 接口和开发调试接口，用户也能将其作为一款功能强大的 AI 学习开发板。

图 2-60　MaixCube 正、反面实物图

2.6.1.3　二哈识图（HuskyLens）

二哈识图（HuskyLens）[2] 最早于 2019 年在 Kickstart 众筹成功[3]，是一款基于 K210 芯片的人工智能视觉传感器，选用了 500W 像素的 OV5640 CMOS 摄像头，正面自带一块 2.0 英寸 IPS 显示屏，可用于查看菜单界面。当调校参数时，无须计算机的辅助，调试过程和识别结果直接显示在屏幕上。二哈识图设有"学习键"，用户仅需一个按键即可完成 AI 训练，无须烦琐的训练和复杂的视觉算法，如图 2-61 所示。

---

[1] https://wiki.sipeed.com/hardware/zh/maix/maixpy_develop_kit_board/maix_cube.html.

[2] https://wiki.dfrobot.com.cn/_SKU_SEN0305_Gravity__HUSKYLENS_人工智能摄像头.

[3] https://www.kickstarter.com/projects/1371216747/huskylens-an-ai-camera-click-learn-and-play/description.

图 2-61　二哈识图实物展示

二哈识图内置 6 种功能，分别是人脸识别、物体追踪、物体识别、巡线追踪、颜色识别和标签识别。通过 UART/I^{2}C 接口，可以直接连接到 Arduino、树莓派、掌控板、micro:bit 等控制器，实现硬件无缝对接，直接将识别结果输出给控制器。由于二哈识图容易上手，极大地降低了中小学的人工智能课程开设的难度，并被部分地方信息技术教材选用。

2.6.1.4　小方舟

小方舟[1] 于 2020 年上市，是为普及 STEAM 创客教育、人工智能教育、编程教育研发的开源人工智能教具，既可当作 AI 视觉传感器功能模块使用，结合掌控板也可以用于 AIoT 项目式学习，如图 2-62 所示。它集成 K210 高性能 64 位双核芯片，内置 AI 硬件加速单元，可实现各类场景的本地视觉算法和语音识别。视觉识别可实现人脸检测、色块识别、形状识别、物体分类、二维码、语音识别等功能。

图 2-62　小方舟与掌控板搭配使用

2.6.1.5　KOI 锦鲤

KOI 锦鲤[2] 于 2020 年上市，也是采用 K210 模组作为 AIoT 核心主控，是专门针对中

---

[1] https://nplus-doc.readthedocs.io/zh_CN/latest/ai/ark.html.

[2] http://learn.kittenbot.cn/mainboards/KOI/intro.html.

小学和爱好者开发的一款可进行图形化编程的脱机人工智能模块，硬件含有摄像头、麦克风、喇叭、IPS 屏、Wi-Fi 模块等，外形尺寸为 55mm×40mm×25mm，如图 2-63 所示。KOI 锦鲤可实现视觉识别、语音识别、语音合成、物联网等功能，可以使用户系统性体验与学习人工智能。KOI 模块还集成了 Wi-Fi 功能，可以让用户的人工智能作品接入云端，更方便用户项目作品的交流与分享。

图 2-63　KOI 锦鲤正、反面实物图

2.6.2　Jetson Nano——GPU 加速

Jetson Nano[①] 于 2019 年上市，是一款面向 GPU 加速的单板计算机，专为支持工业入门级边缘 AI 应用设计而成。Jetson Nano 采用 ARM Cortex-A57 架构，主频 1.43GHz，AI 算力加速采用 4GB LPDDR 内存，128 核 Maxwell GPU 可以同时运行多个神经网络、对象检测、分割和语音处理等应用程序，如图 2-64 所示。Jetson Nano 支持市面上主流的 AI 框架和算法，比如 TensorFlow、Pytorch、Caffe/Caffe2、Keras、Mxnet 等。人教中图版《人工智能初步》教材选用了 Jetson Nano 作为实验验证器材之一。

图 2-64　Jetson Nano 实物图

---

① https://www.nvidia.cn/autonomous-machines/embedded-systems/jetson-nano/.

2.6.3 冲锋舟——VIM3

Khadas VIM3 冲锋舟于 2019 年上市，主控芯片选择 A311D，采用大小核架构，四核 2.2GHz Cortex-A73 满足高性能要求，双核 1.8GHz Cortex-A53 满足低功耗要求；片内集成下一代的深度神经风格单元，性能高达 5.0TOPS，满足不同深度学习的项目需求；板载 4GB LPDDR4 内存和 32GB eMMC 存储；支持双通道 Wi-Fi 与蓝牙 5.0 通信、USB-C PD 供电协议、双屏异显、MIPI 双摄像头；引出 40 pin 树莓派兼容接口，保留 PCIe 与 M.2 扩展接口；板子布局紧凑，外形大小 82mm×58mm。支持 Android、Ubuntu、Armbian、Manjaro 等众多开源操作系统，内置 Python、mPython、Jupyter、Arduino 等编程软件和教学资源，如图 2-65 所示，是一款定位于信息技术人工智能教育教学高性能 AIoT 单板小计算机，为高中信息技术课程改革而生，为信息技术一线教学深度定制学科教学环境，人教中图版《人工智能初步》选用了 Khadas VIM3 冲锋舟作为实验验证器材之一。

图 2-65　冲锋舟实物及定制教学环境

冲锋舟深度定制的操作系统方便学校部署及统一管理，支持 AI、物联网、开源硬件实验室等个性化建设如图 2-66 所示。集成高中新课标全套课程代码，方便开展教学。学生账号一键还原，重启后，上个用户的文件会被自动清理，恢复初始学生账户，无垃圾文件残留。无线互联，内置新建 Wi-Fi 网络功能，开启后创建专属热点，可与掌控板等智能硬件进行无线互联，方便在教室开展物联网项目学习。

2.6.4　Maix-Ⅱ-Dock（M2dock）——1950 致敬图灵

Maix-Ⅱ-Dock 于 2020 年上市，是一款"板卡+底板"的组合式 AIoT 开发板，具备

图 2-66　冲锋舟信息技术学科实验室

Wi-Fi 模组、200M 摄像头和 1.3 英寸 IPS 高清显示屏，如图 2-67 所示。Maix-Ⅱ-Dock 主控芯片选择全志 V831，CPU 采用单核 Core-A7 架构，主频可达 800MHz，片内集成 64MB DDR2 内存，NPU 硬件 AI 加速 0.2TOPS 算力，可以作为通用 Linux SOC 使用，也可以用于边缘 AI 应用。Maix-Ⅱ-Dock 适合于人工智能初学者、爱好者、创客、STEM 教师、嵌入式开发者等群体。

图 2-67　Maix-Ⅱ-Dock 正反面实物图

Maix-Ⅱ-Dock 使用的 Tina Linux 系统，移植自 OpenWrt 开源系统，是一个高度模块化、高度自动化的嵌入式 Linux 发行版本，拥有强大的网络组件和扩展性，常常被用于工控设备、电话、小型机器人、智能家居、路由器以及 VOIP 设备中。OpenWrt 对 Python 支持友好，提供了 100 多个已编译好的软件，而且数量还在不断的增加，借助 Python 编程可以简单快速地应用人工智能技术。Maix-Ⅱ-Dock 定位于高性价比的 AIoT 教学应用场景，具备一定的 AI 硬件加速特性，配合 MaxiPy3 提供的完整的软件生态，能够快速实现中小学教学中常见的边缘 AI 应用，如图 2-68 所示。

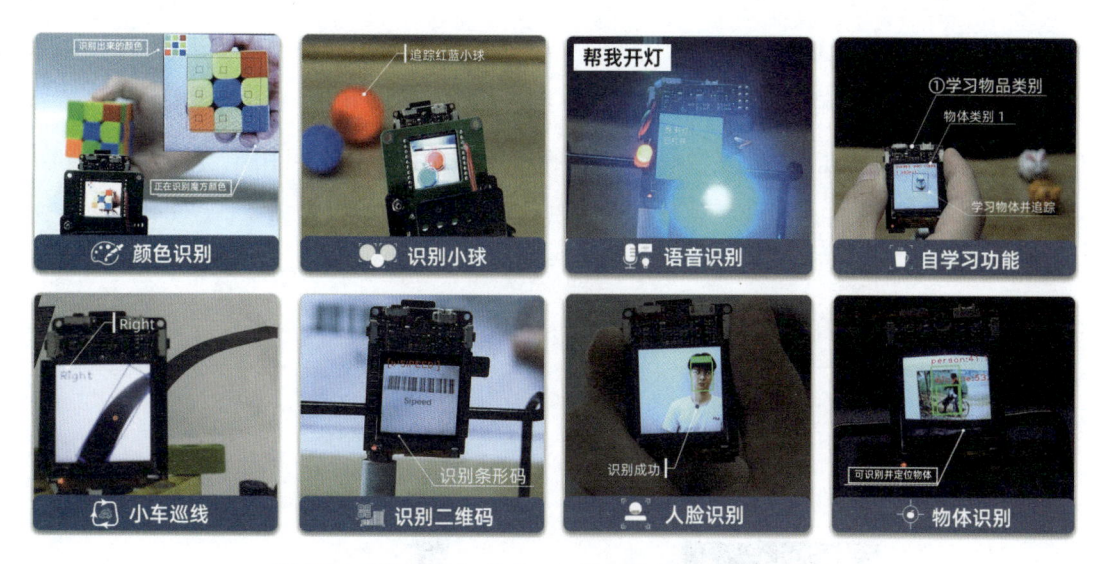

图 2-68 基于 Maix-Ⅱ-Dock 的常见人工智能项目应用

Maix-Ⅱ-Dock 支持 U 盘、IDE、MaixPy3 IDE，ADB 终端等多种交互方式，支持简单易用的 Python 编程，也可以选择高性能的 Libmaix SDK 开发，使用 MaixPy3 写好的代码，可以通过 Maix-Ⅱ-Dock 虚拟出的 U 盘进行复制硬件复位重启后自动运行 Python 代码，大大降低了使用门槛，如图 2-69 所示。

图 2-69 Maix-Ⅱ-Dock 实现虚拟 U 盘的方式复制代码

2.6.5　MaixSense——AI 元年 1956

MaixSense 开发版 2020 年上市，是市面上最小的带 AI 加速 AIoT 单板计算机之一，主控芯片选择全志 R329，CPU 采用双核 Core-A53 架构，主频可达 1.3GHz，片内集成 256MB DDR3 内存，可以运行 Armbian 系统；AI 加速单元采用周易 TZ1AIPU，最大支持 0.25TOPS，视频编码最大支持 720@30fps；配备有双 HIFI4 DSP 可用于音频后处理和预处理。MaixSense 具备出色的扩展功能，板载 OV9732 摄像头，最高支持 720@30fps，采用 USB-C 连接器，支持正反面，可分别用作前后摄，如图 2-70 所示；屏幕选用 1.5 英寸 240×240 分辨率 IPS 高清屏幕；集成 2 个模拟 MEMS 麦克风和 4 个用户按键，满足常见交互需求。

图 2-70 MaixSense 实现摄像正面和反面

MaixSense 适用于搭建个人服务器、开发智能语音助手、设计机器人等场景，其内置的周易 AIPU 处理器同时支持智能语音和视频图像处理，用户可以直接在开发板上运行 OpenCV，NLP 等 AI 模型。

第三章 中国特色开源软件

硬件定义软件？还是软件定义硬件？这取决于你如何看问题。

——佚名

开源硬件的出现，让中小学的编程教育不再局限于虚拟世界，代码开始与物理世界互动。从 Arduino、掌控板、树莓派、pcDuino 到虚谷号，各种品牌的开源硬件不断涌现，推动了广大中小学信息技术、信息科技学科教学的进步，也推动了我国创客教育和 STEAM 教育的发展。

3.1 软硬结合编程软件

开源硬件的易用性很大程度上取决于所支持的软件平台，为满足中小学信息技术教学需求、创客教育教学需求和人工智能教育教学需求，国内一批开源硬件行业专家和创客教育专家联合构建了具有中国特色的开源软件，但如前所述，国产开源软件普遍缺乏核心自主知识产权，开发道路任重道远。

本章介绍的编程软件，都有一个共同的特征——"软硬结合"，一定程度上来说"是为硬件服务的"，所以当论及中国特色开源软硬件中的软件时，一般是指为更高效使用开源硬件而开发的软件或平台。

3.1.1 ArduBlock 教育版

ArduBlock 教育版[1]是国内较早应用于教学的开源软件[2]之一，2013 年由上海新车间创

---

[1] https://github.com/taweili/ardublock.
[2] https://github.com/taweili/ArduBlock.

客开发而成。ArduBlock 软件必须依附于 Arduino IDE 编辑器运行，区别于 Arduino 文本式编程环境，ArduBlock 是以图形化积木搭建的方式编程（见图 3-1），这样的方式增强了编程的可视化和交互性，降低了编程门槛。2016 年后软件已不再维护更新[1]。

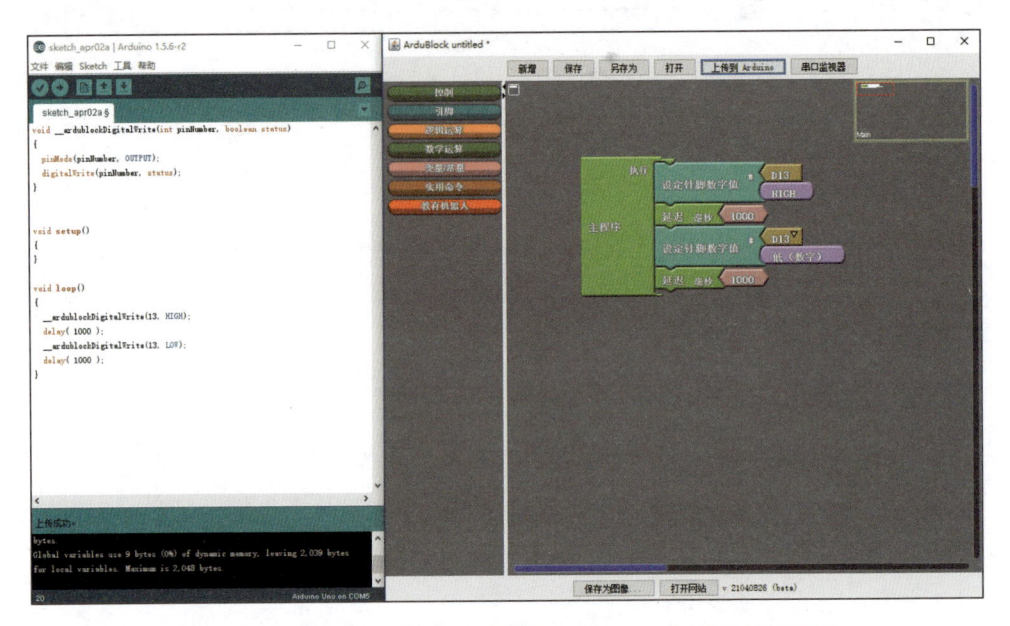

图 3-1　ArduBlock 积木编程界面与 Arduino IDE 代码编程界面

3.1.2　BXY Python 编辑软件

BXY Python Editor[2] 是一款专为高中信息技术学科教学服务的轻量级 MicroPython 编程软件，如图 3-2 所示。BXY 支持对 micro:bit 及掌控板的编程。BXY 界面简洁，操作便利，内置了教学常用基础操作库[3]。

3.1.3　mBlock5 图形化编程

慧编程（mBlock5）[4] 是一款定位于青少年编程教学双模式编程软件，提供从图形化编程到 Python 代码编程的编程工具，功能覆盖人工智能、物联网、数据科学等领域的软硬件教学需求等，契合高中课程改革的跨学科需求。

慧编程提供了丰富的卡通动画角色，集游戏制作、艺术创作、机器人控制于一体，使

---

[1] 张禄，赵晓卿.浅析 ArduBlock 教育版及其应用 [J]. 中国信息技术教育，2019, No.319(19):87-89.

[2] https://bxy.dfrobot.com.cn/.

[3] 谢作如.信息技术开源硬件项目设计 [M]. 杭州：浙江教育出版社，2019.

[4] https://mblock.makeblock.com/zh-cn/.

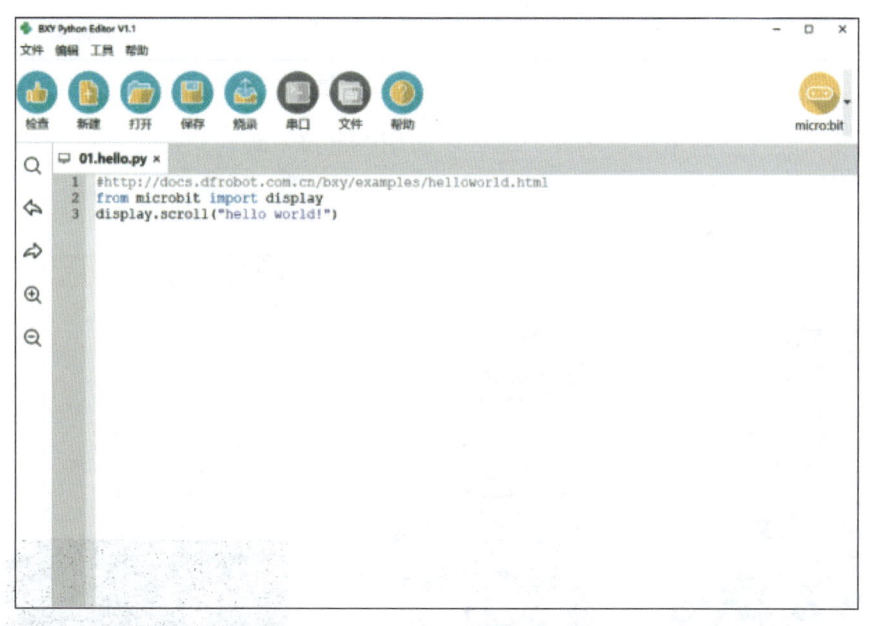

图 3-2 界面简洁的 BXY 编程软件

零基础的初学者能够快速完成项目设计，同时还添加了机器人模块，使其可以驱动相关的传感器、机器人等硬件，如图 3-3 所示。

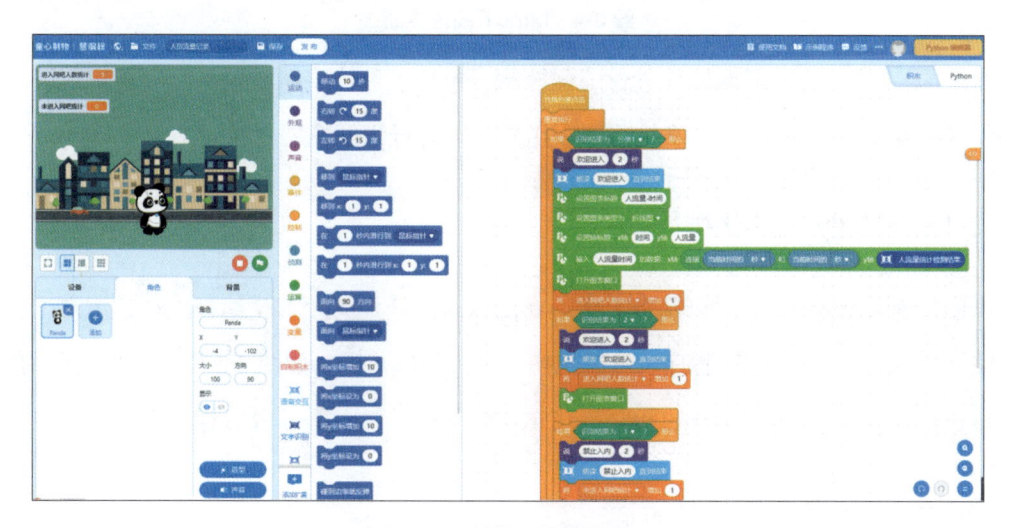

图 3-3 慧编程双模界面

3.1.4 Mind+ 图形化编程

Mind+（MindPlus）[①] 也是一款拥有软硬件结合的图形化编程软件，自 2013 年首次

---

① http://mindplus.cc/.

发布以来，软件功能不断地升级迭代，以满足多样的教学需求。它目前支持 Arduino、micro:bit、掌控板、NodeMCU 等各种开源硬件平台，具有人工智能（AI）与物联网（IoT）功能，既可以进行图形化积木编程，也可以使用 MicroPython、Python、C/C++ 等高级编程语言[1]，如图 3-4 所示。

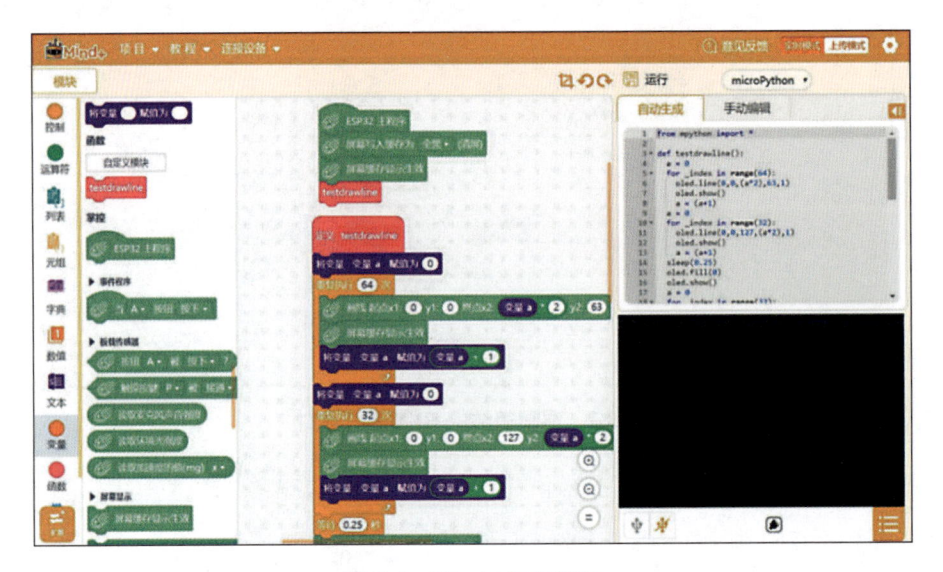

图 3-4　Mind+ 编程界面

Mind+ 支持上百种开源硬件进行编程控制，包括各种传感器、执行器、通信模块、显示器、功能模块，同时还开放了扩展库，用户可以自行添加拓展模块。

3.1.5　Mixly 图形化编程

Mixly（米思齐）[2] 是北京师范大学傅骞团队组织开发的图形化编程工具，用户可以通过拼接积木块的方式来编写程序，然后切换并翻成相应代码，如图 3-5 所示。到目前为止，Mixly 已经支持 Arduino、MicroPython、CircuitPython[3]、Python 等编程语言[4]。

3.1.6　mPython 图形化编程

mPython[5] 也是一款针对开源硬件而开发的图形化编程软件，具有为 Python 编程教学

---

[1] 范红梅，王文龙. 基于建造主义的 Mind+ 少儿编程教学设计 [J]. 工业控制计算机 ,2021,34(10):103-105.
[2] https://mixly.org/.
[3] https://circuitpython.org/.
[4] 傅骞，罗亮亮，陈露. 面向创客教育普及的 Mixly 图形化编程工具开发 [J]. 现代教育技术 , 2016, 26(1):7.
[5] https://www.labplus.cn.

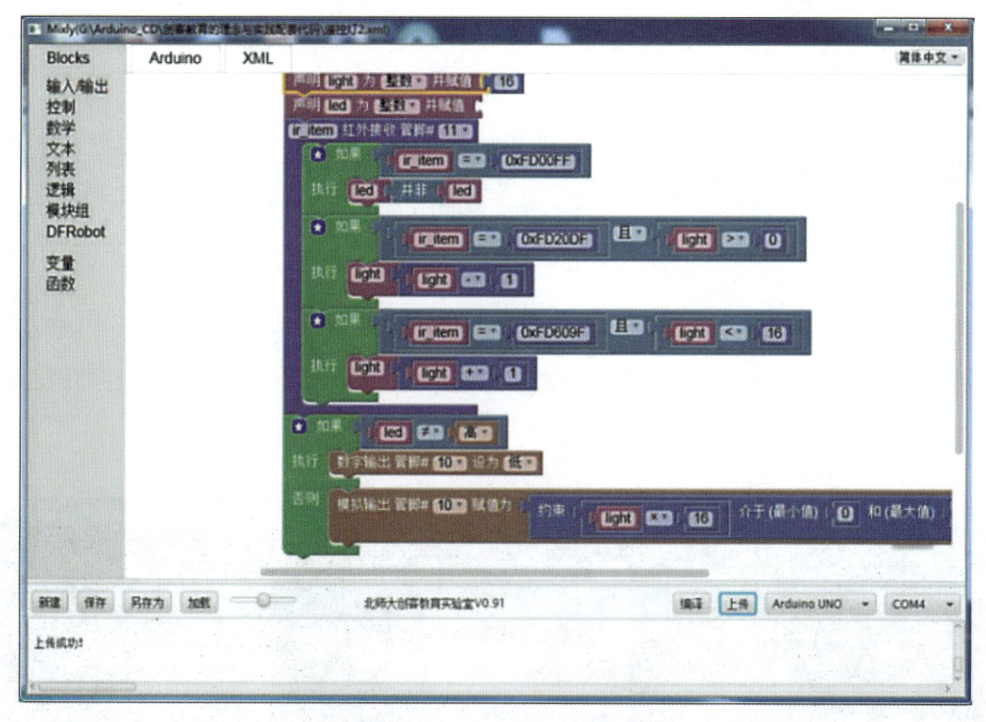

图 3-5　Mixly 积木编程界面

而设计的集成开发环境，可对开源硬件掌控板、掌控点及兼容硬件进行编程，它支持代码编程和图形化编程，还具备快速查看代码效果、板卡代码读取、硬件仿真、自定义库和串口调试等功能，软件界面如图 3-6 所示。

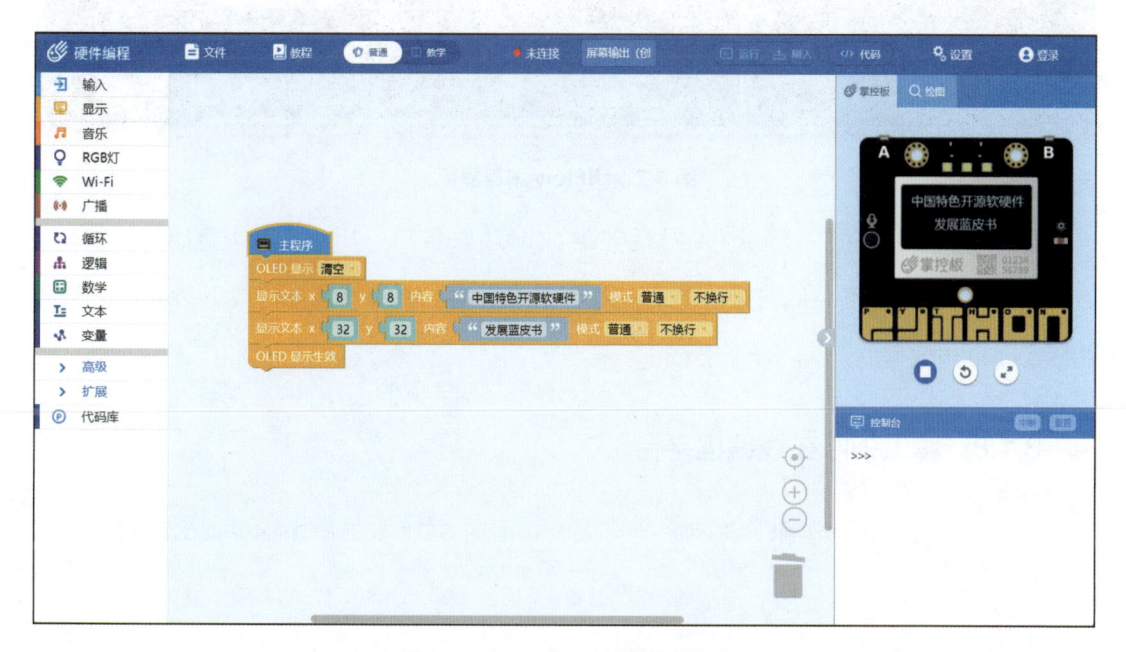

图 3-6　mPython 编程软件界面

3.1.7 UIFlow Web 化编程平台

UIFlow[①]是一款为 ESP32 物联网项目开发而设计的编程工具，通过图形化组件模式，降低物联网开发难度，提高学习者开发效率，软件界面如图 3-7 所示。UIFlow 支持常用硬件模组及各种工业控制协议（如 ModBus 主从、LoRaWAN、BLE、HTTP、UDP、MQTT 等），集成多种第三方功能模块，已融合了微软 Azure PnP（官方认证）、AWS 云、Blynk、腾讯云、阿里云、DJI Tello、MyCobot 控制、Sony Toio 等功能，贴合实际应用场景的开发需求，可以加速项目的产品化。

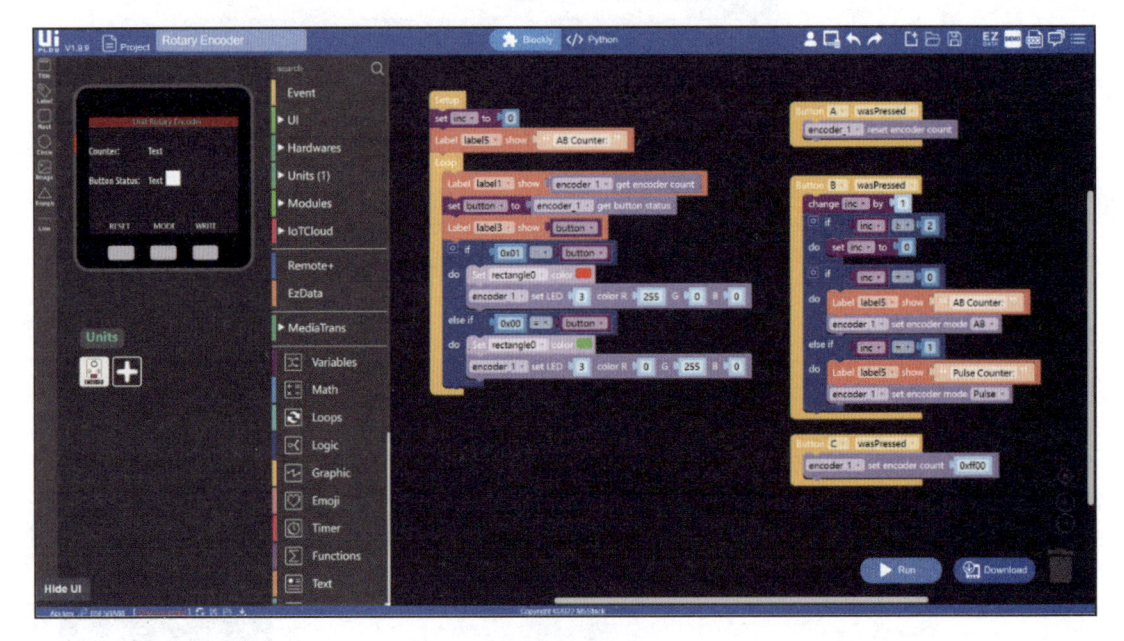

图 3-7 UIFlow 编程界面

UIFlow 平台提供了"低准入门槛"的数据存取接口，用户只需凭着对应的配置 Token，不需要搭建复杂的云接口前端以及数据库后端，就能直接上传或下传数据，平台提供了 100 组数据的永久存储服务。

3.1.8 腾讯扣叮在线编程平台

腾讯扣叮是深圳市腾讯计算机系统有限公司面向 6~18 岁的中小学生推出的编程教育

---

① https://docs.m5stack.com/en/quick_start/m5core/uiflow.

平台，目前拥有创意实验、Python 实验室、3D 实验室、人工智能实验室、游戏实验室、艺术（p5）实验室、硬件实验室、JS 实验室共八个门类的编程环境，如图 3-8 所示。

图 3-8　腾讯扣叮系列在线编程平台

腾讯扣叮致力于提升青少年计算思维和创造力，专注于助力老师开展编程创意课，通过提供内容资源、工具平台、教学培训等系统解决方案。

3.1.9　MaixPy 与 MaixPy3 AIoT 编程平台

MaixPy[①]是将 MicroPython 移植到 K210 的一个项目，MaixPy 不但支持 MCU 常规操作，还集成了硬件加速的 AI 机器视觉和麦克风阵列相关的算法。Maixduino 和 MaixPy 软硬件配合，可以快速搭建 AIoT 智能应用如图 3-9 所示。Maixduino 开发板作为学习人工智能的教具，目前已经被部分学校的校本教材或地方教材选用，用来开展人工智能教学。

Sipeed 在 2020 年年底进一步推出了 MaixPy3 开源软件[②]，这是一款基于 Linux cpython 的 Python3 软件开发工具包，如图 3-10 所示，借助标准 Python 编程语言和 Jupyter 后台服务实现跨平台应用，进一步降低了 Linux 嵌入式设备上开发的门槛，意在打造可落地的视觉 AI 应用生态，帮助更多人了解、使用 AI 技术来解决实际问题，推进中小学教育教学中边缘 AI 的落地化进程。

---

① https://wiki.sipeed.com/soft/maixpy/zh/index.html.
② https://wiki.sipeed.com/soft/maixpy3/zh/.

图 3-9　MaixPy 软件界面

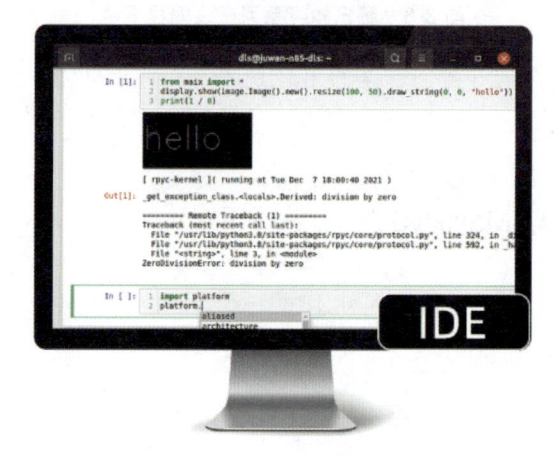

图 3-10　MaixPy3 编程界面

3.2　教学接口与服务软件

3.2.1　SIoT 物联网服务平台

SIoT 是一款简单易用的 MQTT 服务器软件[①]，由国内开源硬件企业自主研发，也是"虚

---

① https://gitee.com/vvlink/SIoT。

谷物联"项目的核心软件之一[①]。SIoT 不用安装，也不用注册，设置一键运行后，将其他物联网设备（如掌控板、micro:bit、NodeMCU）按照一定的规范接入即可正常使用，如图 3-11 所示。由于简单易用，SIoT 已成为中小学信息技术学科中物联网教学的重要支撑软件[②]。

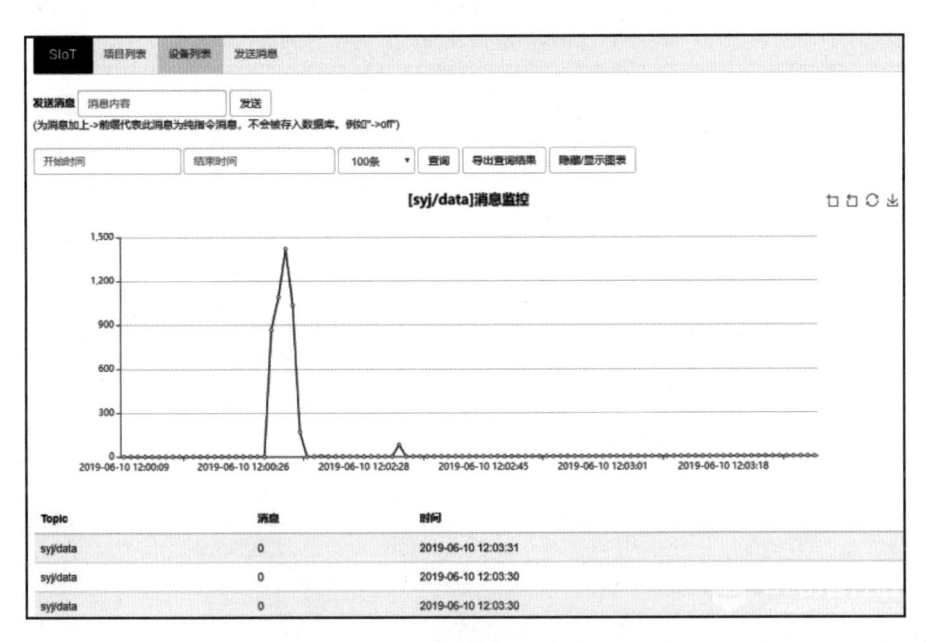

图 3-11　SIoT 物联网服务平台的运行界面

3.2.2　xugu 与 pinpong 库

pinpong 库[③]是一套控制开源硬件主控板的 Pyhton 库，基于 Firmata 协议[④⑤]并兼容 xugu 和 MicroPython 语法，一堂课即可让初学者上手使用 Python 控制 Arduino。

pinpong 库的核心需求，由参与"虚谷计划"组委会的一线教师们于 2020 年春提出，设计目标是让开发者在开发过程中不用被繁杂的硬件型号束缚，而将重点转移到软件的实现。哪怕程序编写初期用 Arduino 开发，部署时改成了掌控板，只要修改一下硬件的参数就能正常运行，实现"一次编写，处处运行"。

借助于 pinpong 库，直接用 Python 代码就能给各种常见的开源硬件编程。其原理是给开源硬件烧录一个特定的固件，使开源硬件可以通过串口与计算机通信，执行各种命令。

[①]　https://mindplus.dfrobot.com.cn/siot.

[②]　狄勇，钱昭媛. 用 SIoT 秒搭 STEAM 课堂物联网服务器用掌控板做热辐射实验 [J]. 无线电，2019(8):76-80.

[③]　https://pinpong.readthedocs.io/.

[④]　http://firmata.org/wiki/Main_Page.

[⑤]　https://github.com/firmata.

当前 pinpong 库正在快速更新中，已支持 Arduino Uno、Leonardo、Mega2560、NodeMCU-ESP8266、NodeMCU-ESP32、掌控板（handpy）、虚谷号以及 micro:bit 板，支持 50 多种传感器，其他主控板及更多扩展库将逐步支持，如表 3-1 所示。

表 3-1 pinpong 库支持的开源硬件列表

开源硬件的品牌和型号	pinpong 库的 board_name
Arduino Uno r3	uno
Arduino Leonardo	leonardo
Arduino Nano	nano
Arduino Mega1280	mega1280
Arduino Mega2560	mega2560
micro:bit	microbit
掌控板	handpy
虚谷号	xugu
树莓派	rpi
LattePanda	lp
ESP32	esp32
ESP8266	esp8266

3.2.3 mpython_conn 通信协议

尽管 MicroPython 有着和 Python 3.x 一样的语法，但在 MicroPython 中无法使用原生 Python 强大的第三方资源支持。为了打破这个壁垒，实现 PC 版 Python 与掌控板 MicroPython 的双向互通，掌控板开发团队特意编写了这个库，命名为 mpython_conn，意为"掌控板连接器"[①]。

mpython_conn[②] 是一个用于在 Python 3 中控制掌控板和 NodeMCU-ESP32 兼容板的连接库，上位机运行 Python 程序，而掌控板或 NodeMCU-ESP32 作为下位机完成输入输出任务，如图 3-12 所示。

mpython_conn 能实现什么？

1. 获取掌控板板载传感器数据（如：光线、声音、按键、三轴加速度、PIN口数据）
2. 向掌控板板载设备输出内容（如：RGB灯、OLED屏、蜂鸣器）
3. 向掌控板输出PIN口、舵机、电机
4. 掌控板事件回调（按键事件、姿态事件、倾斜事件）

图 3-12 mpython_conn 实现的不同功能

---

① http://wiki.labplus.cn/index.php?title=Mpython_conn.
② https://github.com/labplus-cn/mpython_conn.

3.2.4　MaixHub 在线人工智能模型训练平台

2022 年，知名开源社区 Sipeed 推出了新版的 MaixHub 人工智能在线模型训练平台[①]，基于 Chrome、Microsoft Edge、Firefox、Safari 等浏览器即可完成 AI 模型训练。

MaixHub 人工智能在线模型训练平台主要有三大功能，分别是模型库（下载模型）、模型训练、和模型转换[②]。

模型库可以下载一些训练效果比较好的模型，比如人脸识别、数字识别等，下载即用。

模型训练可以在线训练模型，支持分类模型和目标检测模型的训练。模型训练只需要准备好需要训练的数据集，不需要搭建训练环境和代码，上传训练数据即可快速训练出模型。所有模型训练开始都一样，需要确定自己的训练需求是图像分类还是图像检测，如果只是要识别出物体，那就选择图像分类；如果既要识别出物体类别，还要输出识别到的物体坐标，那就选择图像检测。

训练好的模型可以部署在 WEB 平台、Maix-Ⅱ-Dock 开发板、MaixSense 开发板、树莓派等，如图 3-13 所示。模型训练完成后，结果会通过邮件进行通知，不管是成功还是失败，都会有邮件通知，里面有详细的任务信息和训练结果文件。

模型转换目前主要是将模型转换为 Maix-Ⅱ-Dock 所支持的模型。

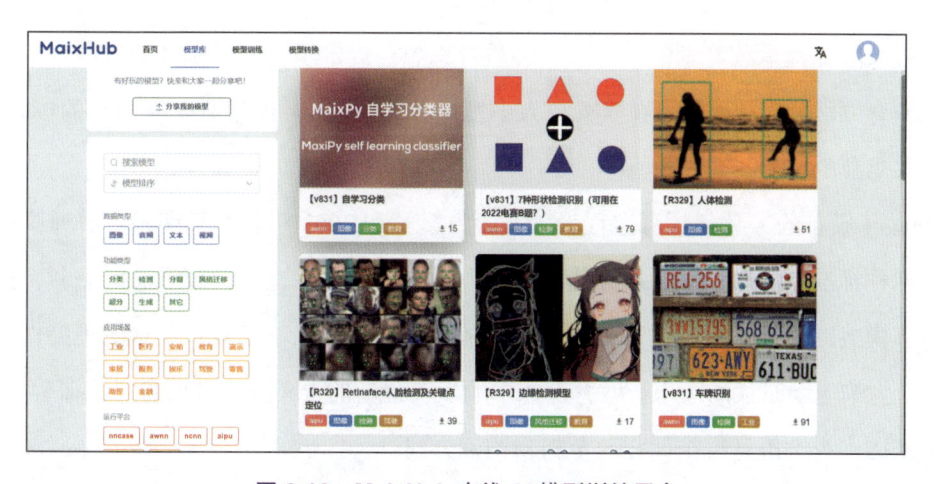

图 3-13　MaixHub 在线 AI 模型训练平台

[①] https://maixhub.com/.
[②] https://neucrack.com/p/444.

第四章 中国特色开源软硬件生态建设

"如果说创造性可以培养的话，那就是培养一个自由的心灵。"

——吴国盛

开源生态的建设根植于社区，只有得到健康社区的哺育，开源软硬件才能获得持续成长。志趣相投的爱好者、开发者们的主动创造是其内在不竭的动力之源，在社区共享、共创、共赢，必将激发出无限的创造力，这正是开源文化的魅力所在。

4.1 中国特色开源软硬件支撑各类教学成果

基础教育课程承载着党的教育方针和教育思想，规定了教育目标和教育内容，是国家意志在教育领域的直接体现，在立德树人中发挥着关键作用。所以教材是教育的核心支撑，起着至关重要的作用。

2001年颁布的《义务教育课程设置实验方案》和2003年教育部印发《普通高中课程方案和课程标准（实验稿）》始终指导课程改革的实践，促进了教育观念的更新，推进了人才培养模式的变革，提升了教师队伍的整体水平，为我国基础教育质量的提高作出了积极贡献。为响应新时代的需求，教育部相继颁发了最新的《义务教育信息科技课程标准》，为接下来的中小学信息科技课程改革树立明确方向。

4.1.1 国家教材

4.1.1.1 人教中图版必修2——搭建小型智能滴灌控制系统

教学案例选自人教中图版高中信息技术必修2《信息系统与社会》的第3章第4节。借助虚谷号和pinpong库搭建小型智能灌溉系统，通过DHT11温湿度传感器，实时测量环境中的温度/湿度数据，并设定阈值条件，舵机设计阈值控制灌溉时间，如图4-1所示。

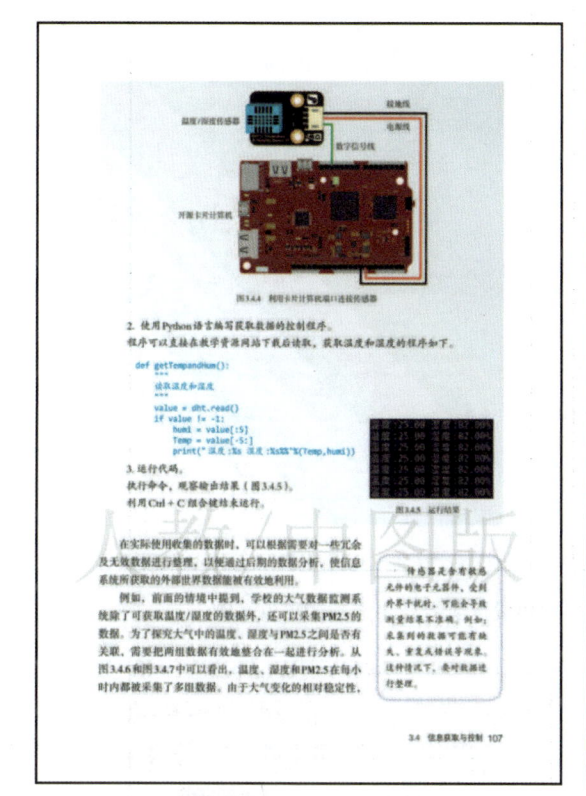

图 4-1 人教中图版高中《信息系统与社会》教材选用的实践案例

4.1.1.2 人教中图版选必6——互联网智能闹钟

教学案例选自人教中图版高中信息技术选择性必修6《开源硬件项目设计》的教材第4章。通过掌控板开展基于开源硬件的"互联网智能闹钟"的项目制作与学习，利用掌控板的Wi-Fi功能联网同步天气信息、时间信息，板载的光线传感器可以实时监测外界光线强弱的变化，OLED屏幕显示时间信息和天气信息，通过板载的A、B按键设置闹钟，定时蜂鸣器会进行提醒。硬件选用掌控板，软件选用mPython图形化编程软件，如图4-2所示。

4.1.1.3 浙教版必修2——室内环境实时监测系统

教学案例选自浙教版高中信息技术必修2"信息系统与社会"的第4章第2节。利用开源硬件搭建小型信息系统，micro:bit作为信息系统中的智能终端设备，负责采集温度传感器的数据，并通过无线Wi-Fi通信模块，将温度数据发送给SIoT服务器端。硬件选用micro:bit，软件选BXY编辑器，如图4-3所示。

图 4-2 人教中图版高中《开源硬件项目设计》教材中选用的项目案例

图 4-3 浙教版高中《信息系统与社会》教材中选用的项目案例

4.1.2 地方教材

各省教育主管部门也积极响应国家对于科技型人才的培养要求，积极推动教材改革，逐渐形成了具有各省特色的地方性教材，在中小学信息技术课程与劳动教育课程中得到实践。在新版教材中，增加了许多学生实践项目，这些具有代表性的开源软硬件也应用于义务教育信息技术课程中。浙江省、福建省、河南省、河北省、陕西省、山东省都相继更新了初中信息技术教材，江西省则将开源软硬件进行在劳动教育课程中得到，如图4-4所示。

浙江省《信息技术》教材-八年级 　　福建省《信息技术》教材-六/八年级

河南省《信息技术》教材-九年级 　　河北省《信息技术》教材-九年级

陕西省《信息技术》教材-九年级 　　江西省《劳动实践》教材-高一/高二年级

图 4-4　开源软硬件支持地方教材建设

除了micro:bit、掌控板等开源硬件已被常用于物联网教学模板外，二哈识图（HuskyLens）传感器也多次被应用于人工智能教学板块。与此同时，在义务教育阶段信息课程中，被信息技术老师所熟知的Mixly、Mind+、BXY、mPython等教学软件，也已经成为教材中不可或缺的软件工具。

4.1.3　校本课程案例

4.1.3.1　初中跨学科课程案例——南京师范大学树人学校《在线数字气象站——以基于行空板SIoT服务器为例》

教学案例来自南京师范大学树人学校，依据新课标中八年级"物联网实践与探索"的跨学科主题学习项目"在线数字气象站",基于行空板和 SIoT 物联网教学平台开发设计了"校园气象观测站"项目。学生使用温湿度传感器、气压传感器、风速传感器和风向传感器来获取气象数据,实时存储到行空板 SIoT 物联网服务器中。通过对照分析记录的气象数据与往年的历史数据,探究气象与降水量的一般性变化规律,如图 4-5 所示。

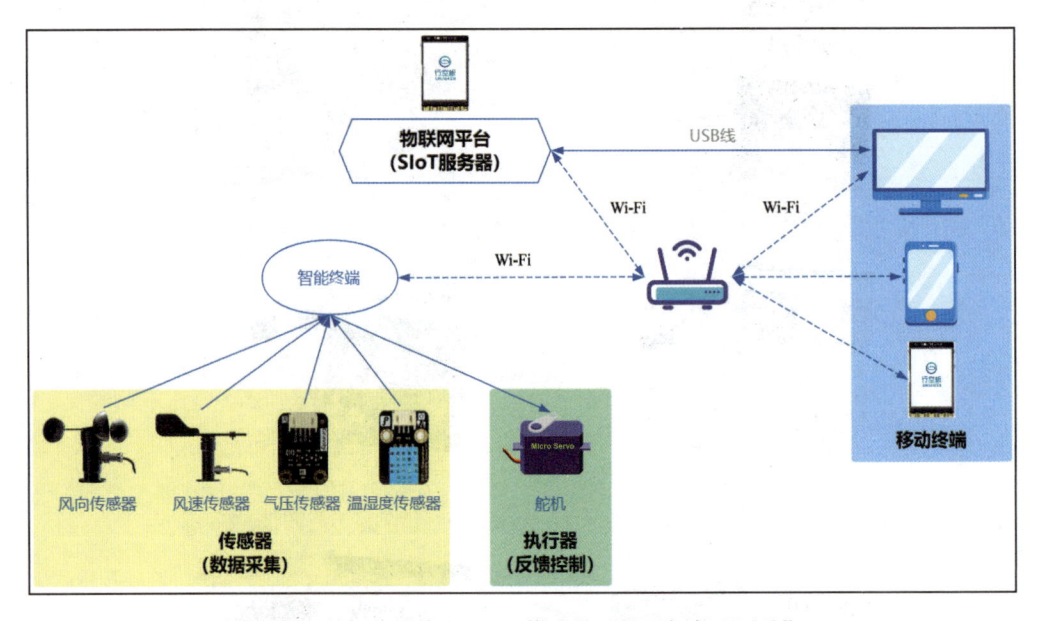

图 4-5 基于行空板和 SIoT 搭建的"校园气象观测站"

4.1.3.2 小学跨学科课程案例——宁波市广济中心小学《用 SIoT 秒搭 STEM 课堂物联网服务器——以基于"掌控"的热辐射实验为例》

教学案例《用 SIoT 秒搭 STEM 课堂物联网服务器——以基于"掌控"的热辐射实验为例》来自宁波市广济中心小学。依据教育科学出版社《科学》教材五年级中《怎样得到更多的光和热》一课,教师将信息技术课与小学科学课融合,让学生用不同颜色的纸袋包裹温度传感器,在阳光下进行实验,用以分析物体颜色与吸热的关系,并利用 SIoT 将传感器数据实时上传服务器[①],如图 4-6 所示。

4.1.3.3 人工智能课程案例——温州中学《借助开源硬件开展人工智能实验教学——以虚谷号为例》

教学案例来自温州中学,基于虚谷号预装了 Python 和 AI 框架,完成了神经网络的一系列实验,具体如表 4-1 所示。以手写数字识别、手势识别实验为例,在虚谷号上完成训练后,即可直接使用 USB 摄像头输入手写数字或者手势,虚谷号可以用语音(音箱)或者动作(舵

---

① 狄勇 DF 创客社区. https://mc.dfrobot.com.cn/thread-290082-1-1.html.

图 4-6 基于掌控板和 SIoT 开发的物联网实践项目

机），将识别结果表达出来，满足基础人工智能教学需求。

表 4-1 虚谷号上完成的神经网络实验

名　　称	神经网络类型	数　据　集	说　　明
广告预测	全连接神经网络	Advertising	分析广告媒体投入与销售额之间的关系
鸢尾花分类	全连接神经网络	iris	通过花萼长度、花萼宽度、花瓣长度、花瓣宽度对鸢尾花进行分类
电影评论情感分析	循环神经网络	imdb	通过对 imdb 数据的学习，对电影评论的情感进行分类
自动作诗机	循环神经网络	网络收集	通过对大量五言古诗的学习，能够根据前几个字预测下一个字，逐步写出一首古诗
手写数字识别	卷积神经网络	Mnist	对手写数字进行识别，即完成十个维度的图片分类
图片分类	卷积神经网络	cifar10	对图片进行十个维度的分类，并通过语音输出
手势识别	卷积神经网络	拍照收集	对图片进行三个维度的分类，并能够与用户互动

注：虚谷号的 Python 版本为 3.5，核心 AI 框架为 Keras 和 Tensorflow。

4.1.4 中国特色开源软硬件相关丛书

4.1.4.1 人民邮电出版社——创客教育丛书

国家新闻出版署"十三五"国家重点图书出版规划项目"创客教育"丛书由人民邮电出版社出版发行，已持续 8 年更新相关课程内容，目前累计出版 29 部创客教育普及图书，具有代表性的有《中国创客教育蓝皮书（基础教育版）》《Arduino 创意机器人入门——基于 Mind+》《掌控和 Mind+ 互动创意设计》《开源硬件 + 激光切割创新电子制作》《掌控创造营》《Arduino 创意机器人入门——基于 ArduBlock（第 2 版）》《一起造物吧 2——45 个超棒的小创客科技制作项目》等，如图 4-7 所示。丛书融合开源硬件、开源软件、创客工具等综合性的课程内容，给一线教师提供了丰富的创客课程的案例参考。

图 4-7　"十三五"国家重点图书出版规划项目"创客教育"丛书

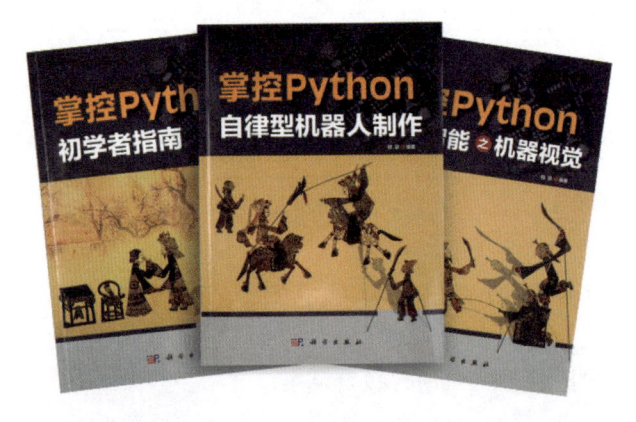

4.1.4.2　科学出版社——《掌控 Python》系列丛书

《掌控 Python》是科学出版社出版的系列丛书,丛书包括《掌控 Python——初学者指南》《掌控 Python——自律型机器人制作》《掌控 Python——人工智能之机器视觉》《掌控 Python——物联网实践》《掌控 Python——人工智能之语音识别》5 本图书,如图 4-8 所示。内容借助国产开源硬件掌控板向读者讲解 Python 编程基础知识,并通过教学项目引导读者学习 Python 嵌入式开发。丛书循序渐进地带领读者了解人工智能技术、物联网技术的发展及其基础原理等。

图 4-8　科学出版社《掌控 Python》系列丛书

4.1.4.3　华中师范大学出版社——《人工智能·计算思维》系列丛书

《人工智能·计算思维》是华中师范大学出版社出版的系列丛书,该系列丛书是由华中师范大学人工智能教育学部组织撰写,全套丛书共七册(供小学三年级至高中阶段使用),如图 4-9 所示。每册分别从智能感知、表示与推理、机器学习、人机交互等人工智能基础大概念出发。在教学环境方面,软件和硬件均选用国产产品,包括开源编程软件 Mind+、Python、掌控板及相关的人工智能体验平台,适用于不同信息化建设水平的学校。

图 4-9　华中师范大学出版社《人工智能·计算思维》丛书

4.2　中国特色开源软硬件助推学术交流

4.2.1　创客嘉年华

创客嘉年华[①]（Maker Carnival）是国内规模最大的创客活动之一。创客嘉年华由蘑菇云创客空间和创智天地携手打造，是中国创客的首个原创品牌活动，从 2012 年至今已连续举办了十届。创客嘉年华汇聚了全球极具创意的科技项目，通过展示、论坛、工作坊等多种形式，让公众近距离体验创客文化，与创客们分享圈内新鲜趋势，为大众展示创客生活方式，向世界传播中国创客文化，如图 4-10 所示。

4.2.2　全国中小学 STEAM 教育大会

全国中小学 STEAM 教育大会由中国电子学会现代教育技术分会和中国仿真学会 3D 教育与装备专业委员会联合主办。自 2013 年首次在温州举办以来，先后在常州、嘉定、佛山、长春（见图 4-11）、蓬莱、杭州湾教育装备产业城等地举办，已连续举办了九届。大会通过邀请国内科技教育知名专家和一线教师做主题报告、分享成果经验，为教育工作者和教

---

① http://www.makercarnival.org/.

育机构、装备企业提供交流平台,全面引领国内 STEAM 教育与创客教育的发展。

图 4-10　创客嘉年华现场

图 4-11　第六届全国中小学 STEAM 教育大会在长春举办

4.2.3　创意智造专项赛

全国学生信息素养提升实践活动——即全国中小学电脑制作活动[①],由教育部基础教育司、科学技术司指导,中央电化教育馆主办。自 2016 年第十六届全国中小学电脑制作活动首次开设"创意智造"项目以来,已连续举办了五届。"创意智造"是国内首个白名单的创客赛事之一,开创了将创客马拉松形式应用于中小学比赛的先例。参与者利

---

① http://huodong2000.ncet.edu.cn/.

用开源硬件工具，制作出体现创客文化和多学科综合应用的作品，并进行交流展示，如图 4-12 所示。自 2019 年起，国产开源硬件掌控板正式进入该赛项。

图 4-12　全国中小学电脑制作活动现场

4.2.4　开源硬件创意智造专项赛

全国青少年人工智能创新挑战赛[①] 是由中国少年儿童发展服务中心主办，经教育部批准的白名单赛项之一，已连续举办了三届。开源硬件创意智造专项赛（原名：单片机创意智造挑战赛）是大赛赛项之一，为培养青少年的创造能力而设立，考察其对开源硬件、物联网、人工智能等有关知识的综合运用情况。专项赛鼓励学生使用现场提供的开源硬件、激光切割机、3D 打印机等开源工具创作创意实物作品，并通过专家问辩的形式竞赛，如图 4-13 所示。

图 4-13　全国青少年人工智能创新挑战赛中的开源硬件项目

4.2.5　开源硬件应用设计挑战赛

少年硅谷-全国青少年人工智能教育成果展示大赛[②]是由中国下一代教育基金会主办，

[①] http://aiic.china61.org.cn/.
[②] http://snggds.cngef.org.cn/.

经教育部批准的白名单赛项之一，已连续举办了两届。开源硬件应用设计挑战赛是大赛赛项之一，侧重于考察学生实际场景下的应用设计能力，要求学生基于开源硬件（MCU 单片机、SBC 单板计算机、传感器等相关电子元配件），围绕实际生活场景主题，运用人工智能、编程、电子技术等有关知识，根据规则，以个人为单位进行应用设计开发竞赛，如图 4-14 所示。

图 4-14　少年硅谷之开源硬件应用设计挑战赛现场

4.2.6　掌控板教学设计大赛

为落实《中国教育现代化 2035》战略任务要求，推动教师终身学习和专业自主发展，建立数字教育资源共建共享机制，构筑中国特色开源硬件和实验教学内容体系，中国电子学会现代教育技术分会定期举办掌控板教学应用设计大赛，引导基础教育和高等教育领域的广大师生开发、分享基于掌控板的人工智能、物联网、科学探究、创客造物、跨学科学习（STEAM 教育）等主题项目教学应用案例，实现以赛促研、以赛促教、以赛促学，如图 4-15 所示。

图 4-15　掌控板教学应用设计大赛宣传页

掌控板教学应用设计大赛目前设置的参赛类别有课程设计、教学设计、教具开发、作品开发四个类别，具体见表 4-2 所示。

表 4-2　掌控板教学应用设计大赛项目设置表

序号	参赛类别	补 充 说 明
1	课程设计	本类比赛作品不限学科，倡导跨学科融合，设计范围可以是一门特色课程的整体设计，也可以是一门必修课一个学期的整体设计
2	教学设计	本类比赛作品不限学科，倡导跨学科融合，具体教学形式不限，设计范围为某一节课的具体内容设计
3	教具开发	本类比赛作品不限学科，一个教具名称只含一件教具，呈现方式需为实物作品
4	作品开发	本类比赛作品不限应用领域，一个名称只含一件作品，呈现方式需为实物作品

4.3　中国特色开源软硬件推动机器人走向开源机器人

在开源文化与机器人教育融合之前，学校使用的教育机器人通常价格较高，因此学校采购的数量不多，一般只是作为社团课吸纳学有余力、对机器人感兴趣的学生参与，普及度不够。另外，各个厂家的教育机器人缺少统一标准，品牌繁杂，且自成体系，互不兼容，开放度较低。这些都从器物设备层面极大地限制了机器人教育的更广泛开展。

4.3.1　开源机器人作品

2005 年 Arduino 诞生不久，开源社区中就逐渐形成了一个分支，主要探讨如何使用 Arduino 改造机器人教育等相关话题。第八届全国中小学 STEAM 教育大会上，开源教育项目"虚谷计划"中增加了一项新的内容——"开源教育机器人"，简称为"开源机器人"，标志着一个完全由一线教师主导的教育机器人项目正式确立了。

开源机器人（Open Source Robot，OSROBOT）项目期望能够坚持可持续发展、开源开放、共建共享，让学生在科创教育中获得快乐、自信、成功。此项目的成立有利于聚合开源机器人开发者，让有开源情怀的优秀开发者获得推荐，实现更多创作价值，也使优秀的开源作品不再受制于成本，从而衍生出更多有趣的、有意义的开源机器人作品和产品。此项目的成立有利于纵向整合科创资源，建设完整的、开源的、普惠的科创中心建设方案，有利于中小学、社区科创中心、科技研学、大学生创业实践的落地实施。

4.3.1.1　吸管机器人

知名创客教育先行者程晨老师利用吸管制作了一款低成本的吸管机器人。为了连接吸管，他专门设计了一套连接件，取名为 pipe+。pipe+ 的图纸分享在了 Laserblock 开源社区，可以在网站 www.laserblock.cn 上搜索 pipot，查看相应的内容，原始设计图纸如图 4-16 所示。

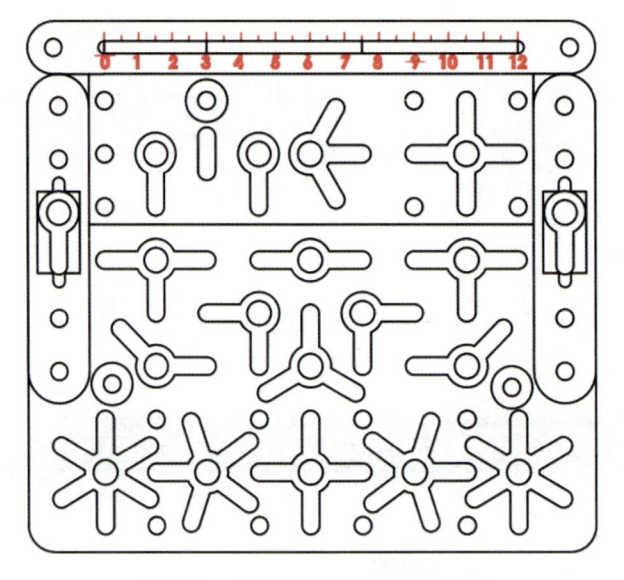

图 4-16 吸管机器人开源设计图纸

pipe+ 中每个连接件的枝权能插到吸管中，同时每个连接件中心的圆孔能够刚好允许吸管穿过。两侧的长条是固定电机用的支架。连接件需要利用激光切割机或 3D 打印机辅助完成，使用者可以根据自己的需求来决定加工连接件的数量。

加工完成后可以利用六向的连接件和偏三向的连接件来制作机器人的"轮子"，如图 4-17 所示。pipot 可以配合通用的遥控器使用，也可以配合开源硬件进行简单的编程学习。

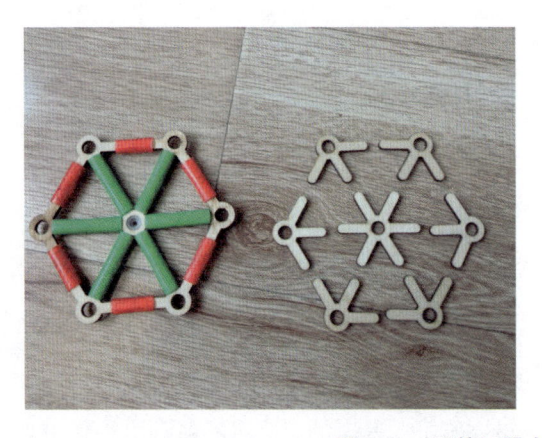

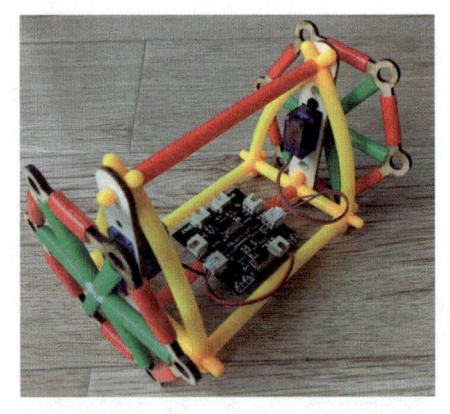

图 4-17 吸管机器人组装实物图

4.3.1.2 大脚蹦蹦

同样是驱动两个电机运转，山东青岛爱智作教育设计出了一个不同的形态的机器人，对应设计图纸如图 4-18 所示。电机驱动的是两侧的两个"船型手臂"，当机器人移动的时候，这个机器人就靠着"手臂"的支撑一下一下地向前移动。

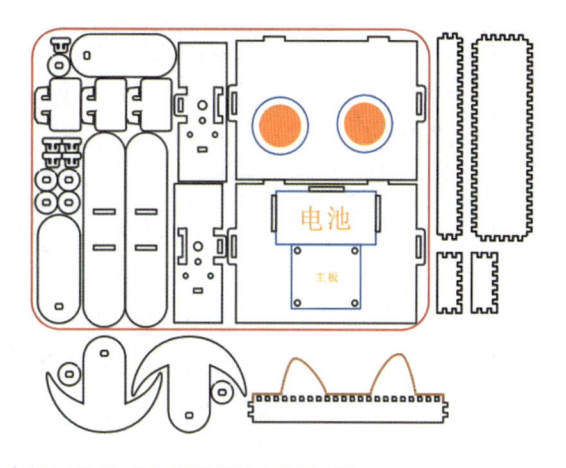

图 4-18 使用两个电机制作的"大脚蹦蹦"开源机器人

4.3.1.3 "冲鸭"小车

江苏扬州佰特机器人俱乐部的郭力老师基于通用遥控机器人制作了一款结合开源硬件控制板的编程机器人，如图 4-19 所示。

图 4-19 "冲鸭"可编程开源机器人

这款机器人之所以叫作"冲鸭"，实际上就是因为郭力老师设计的前端造型是一只鸭子，对应图纸如图 4-20 所示。

图 4-19 中左侧的机器人使用掌控板作为控制器，右侧的机器人使用 Arduino 作为控制器。制作者可以参与机器人前端造型设计的环节，可以设计一个自己喜欢的外形。

4.3.2 开源机器人教学案例

全国范围内参与开源机器人项目的老师分享了很多种类的开源机器人，这些机器人作

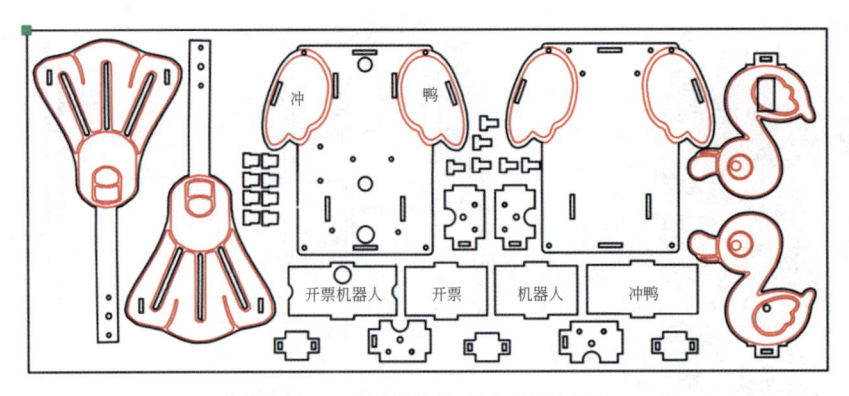

图 4-20 "冲鸭"机器人设计图纸

品绝大多数都是为教学服务的，难度适中，适用于不同场景[①]。

4.3.2.1 大班教学

汕头市聿怀实验学校（现更名为育能实验学校）是开展开源机器人班级教学活动规模较大的一所学校。2020 年 11 月开始参与开源机器人项目，全校约 300 人参与了基于开源硬件的创客课程，学生拥有各自的储物柜和套件箱，套件箱包含了主控板、遥控板、小车结构件、电池、螺丝螺母等用于制作开源小车的套件，如图 4-21 所示。学生会在老师的指导帮助下，利用套件完成项目的制作。

图 4-21 开源机器人大班教学现场

4.3.2.2 科技社团小班课

2019 年 9 月，慈溪科技馆成立了创客空间，如图 4-22 所示以支持青少年进行创客相关的造物活动，后来纳入了开源机器人课程与创意木工课程，将三者融为一体开展活动，为广大中小学提供创客教育服务。

[①] 本书中介绍的开源机器人制作资料都可以在 Laserblock 开源社区设计图库的开源机器人分类中获取。

图 4-22　创客空间中的机器人

慈溪科技馆开源机器人小班教学建立兴趣的基础上，发挥数字制造加工个性化的优势，鼓励学生独立设计一个简易机器人，在设计的过程中加深学科知识的学习，增进学科知识的融合应用。这样做能够将机器人教具转变为机器人学具，将机器人的开发作为学习创客技能的综合载体，真正实现机器人的育人价值。科技馆开设的开源机器人融合课程如图4-23所示。

图 4-23　科技馆开设的开源机器人融合课程

慈溪科技馆目前开源机器人的常规活动共有四期，包括三期编程机器人课程和一期遥控机器人课程，同时也经常会有夏令营、科技日等特色活动，让更多的小朋友体验科技的魅力。

4.3.3　开源机器人场地与赛制

开源机器人竞赛活动的整体目标分为横向和纵向两个方面。纵向上是要求参加活动的学生能基于开放的图纸以及开源硬件利用现场的中小型数字化制造工具现场制作出满足活动要求的遥控机器人和智能机器人，有可能的话还需要针对现场的情况调整数字化的图纸甚至修改开源硬件的程序。横向上则是希望更多的学校能够根据自身情况自发地开展机器人竞赛活动，由于开源机器人资料图纸完全开放，开展门槛低，同时纵向目标上一定会产生很多针对不同阶段的活动规则和形式，而且各个学校还能够调整现有的活动形成新的竞赛活动形式，这将极大地推动开源机器人教育的开展。

4.3.3.1 开源机器人场地

开源机器人竞赛活动离不开合适的场地支持，内部灵魂则是开源机器人的赛制规则。

当下主流的开源机器人场地包括地图循迹、相扑格斗和对战积分三种类型。地图循迹类似于体育比赛中的个人项目，更考查编程的技术技巧，考查的是分秒之间的能力差别，但观赏性不强；相扑格斗观赏性强，对机器人的抗击打性能要求高，但有一定的危险性；对战积分类融合了两种类型的优点，以团队的形式开展竞技，既有技巧性又有观赏性。因此，目前比较典型的开源机器人场地是OSROBOT"长城"系列开源机器人场地，整体效果如图4-24所示。

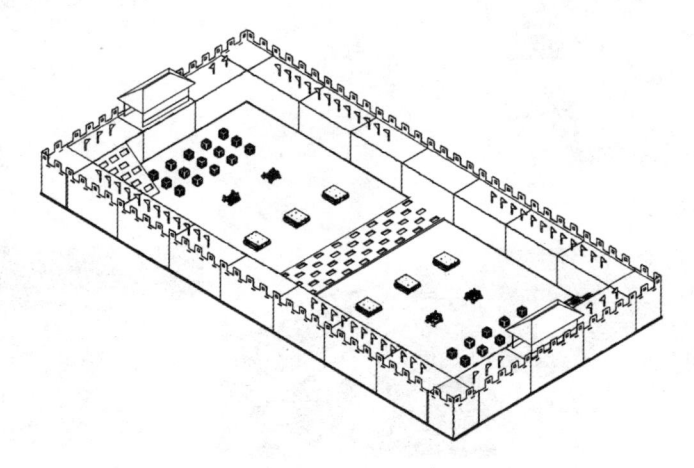

图4-24 OSROBOT开源"长城"场地效果图

"长城"开源机器人场地标准尺寸为宽2.4m，长4.8m，由若干个30cm×30cm×60cm的长方体拼成的城砖和城垛组成，也可以根据实际场地的需要，自由调节"长城"场地的大小。另外，根据比赛需求，场地旁边可能会配备两台激光切割机以供双方学生使用[①]。

原型版本首次在2020年全国中小学STEAM教育大会上OSROBOT"长城"系列场地发布，如图4-25所示。2021年，在厦门教育装备展上，由雷宇激光、云智动以及一线教师等开源机器人推动者组成的OSROBOT开源机器人团队改进优化了"长城"竞技场地

---

① http://www.laser block.cn

图纸，增加了长城的特色元素"城垛"，使得场地的文化元素更加浓厚。

图 4-25　OSROBOT"长城"赛现场

4.3.3.2　开源机器人赛制

开源机器人赛制是开源机器人竞赛的灵魂，从教学的角度看，设计开源机器人赛制也是体现开源机器人教师教学水平的一个重要维度。下面以OSROBOT"长城"主题竞赛来介绍典型开源机器人赛制的设计规则，整个竞赛活动可以分为以下5个阶段（见表4-3）。

表 4-3　开源机器人赛制说明

阶　段	说　　明
1	基于开放的图纸以及开源硬件，在场外制作好满足活动要求的遥控机器人，在现场能够完成机器人的维修和调试
2	基于开放的图纸以及开源硬件，在场外制作好满足活动要求的遥控机器人和智能自律机器人，在现场能够完成机器人的维修和调试
3	基于开放的图纸以及开源硬件，在场外制作好基本满足活动要求的遥控机器人和智能自律机器人，在现场利用中小型数字化制造工具完成部分零部件的加工并安装在机器人上，完成机器人整体的维修和调试
4	基于开放的图纸以及开源硬件，利用现场的中小型数字化制造工具，现场制作出满足活动要求的遥控机器人和智能自律机器人，完成机器人整体的维修和调试
5	基于开放的图纸以及开源硬件，结合现场设计的部分零部件，在现场利用中小型数字化制造工具制作好满足活动要求的遥控机器人和智能自律机器人，完成机器人整体的维修和调试

阶段1、2场外制作，阶段3部分场内制作，阶段4全部场内制作，阶段5部分场内设计。目前的"长城"主题的竞技赛制为第1阶段。

4.3.4　赛事教学实践

佛山市顺德区举办的教育创客节开源小车竞赛，是国内最早、连续性最好的区域性开源机器人赛事之一。经过长期的积累，其中障碍、场地、物流三个等级的赛事，基本上已经形成了一个良好的进阶过程，学生从一～三年级参加遥控小车（开源小车1.0）开始锻炼动手能力和问题解决能力；四年级学习了编程之后，开始入门自动控制小车（开源小车 2.0），在循线（分成循黑线和白色跑道场地）、迷宫等比赛项目中进行轮换；当接触到人工智能之后，学生将进一步学习街道物流小车（开源小车 3.0），通过视觉识别进行自动驾驶，真正地进入智能驾驶的领域。

4.3.4.1 开源小车障碍赛（一~三年级）

学生自带搭建小车所需的各类结构件，也可以事先在学校设计好结构件，结构件不限，可以选择乐高积木、木质切割板、金属结构件等。组委会提供遥控器和电机驱动板，跟学校日常训练使用的功能兼容。学生现场根据赛道和障碍任务完成小车的装配与调试，这个阶段以遥控为主，无须编程。

小车在一个 6m×4m 的场地中，从起点出发，沿着赛道跑一圈，2min 内完成障碍任务并冲过终点完成比赛。障碍物包含但不限于斜坡、阶梯、草地、"水池"、隧道等，如图 4-26 所示。

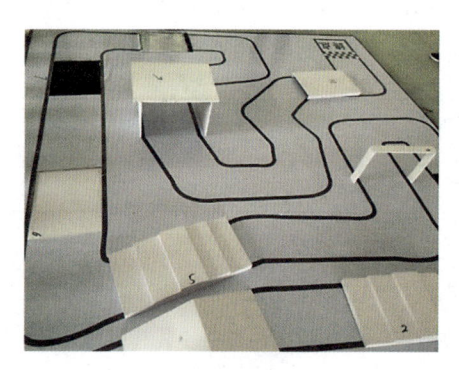

图 4-26 一~三年级开源小车和障碍赛竞技场地

学生在搭建竞赛小车的过程中，需要不断对机器人的驱动和结构进行调试，以达到最佳的解决方案。同时熟悉赛道与任务操作，制作时间结束后对小车进行封存，以备比赛使用。现场制作完成后将小车封存在指定位置是为了保证竞赛的公平性。

4.3.4.2 开源小车场地赛（四~九年级）

学生自带的比赛器材，需要在组委会公布的清单范围内，结构件不限，可以是乐高积木、木质切割板、金属结构等。开源机器人竞赛的主办方提供统一的比赛用电池，以保证动力的一致性。学生自行根据现场公布的赛道、小车规格组装小车，自带笔记本完成小车控制程序的编写。制作过程中可以不断地对小车进行调试，以达到最佳的解决方案。为保证竞赛的公平性，学生自制的开源小车完成后，交大会封存，以供比赛现场使用。

小车在一个 6m×4m 的场地中，按预先设定的规则完成自动驾驶任务，在 2min 内完成对应的任务冲过终点完成比赛，开源机器人小车需要加装各种传感器完成巡线任务，如图 4-27 所示。

图 4-27　顺德开源小车场地赛中各种类型的小车在进行巡线竞速调试

4.3.4.3　开源小车物流赛（七～十二年级）

与四～九年级的开源小车场地赛相比，七～十二年级的开源小车物流赛增加了图像识别等人工智能元素，规则从简单的场地提升为相对复杂的物流场景。

开源小车物流赛要求小车在一个 6m×4m 的街道模拟地图上行走，在 5min 内通过视觉识别街道上的交通标志、人行道、红绿灯等，完成对应的物流任务，并按指定的路线行走，最终完成比赛。需要视觉识别的开源小车物流赛的标志物，如图 4-28 所示。

图 4-28　需要视觉识别的开源小车物流赛的标志物

场地中用牌坊的形式，将各种标志物立在场地的相应区域，提示小车根据标志做出相应的动作，整个场地采用开源硬件自动计时系统，场地与计分系统也变得更加智能。开源小车物流赛中能够自动计时的场地如图 4-29 所示。

图 4-29　开源小车物流赛中能够自动计时的场地

4.4 中国特色开源硬件标准化进展

虽然开源硬件在行业中并没有形成明确的标准，但是面向教学的硬件也纷杂繁多，软硬件接口的通用性上也存在诸多问题，存在体系化互不兼容的情况，这给教育主管部门或者教师在教学工具的选择上造成了很大障碍。为加速开放生态的构建，有必要制定一套具备中国特色的教学用开源硬件的标准。

2019年4月3日，中国教育装备行业协会团体标准委员会下发《关于第三批教育装备行业团体标准立项的通知》(教团标文〔2019〕6号)，其中《普通高中开源硬件技术规范》团体标准（项目编号：JYBZ2019008）由深圳盛思科教文化有限公司牵头协调，组织开展编制工作。

2019年10月13日，在山东青岛组织召开《高中开源硬件技术规范》团体标准编制工作会，中国教育装备行业协会技术标准部主任李守国、浙江省教育技术中心科长张仲华、辽宁教育装备研究所所长卓敏、河北大学教授肖广德（高中信息技术课标——开源硬件项目设计起草者）、深圳第二高级中学周茂华（人教中图版高中《开源硬件项目设计》分册主编）、深圳市教科院信息技术教研员吴良辉、江汉油田教育实业集团信息中心主任方长庚以及国内另外两家知名开源硬件企业 DF Robot、Seeedstudio 参加了会议。

会议坚持在广泛调研、共同探讨的基础上，严格按照《中国教育装备行业团体标准管理规定（V2.0）》的有关要求，深入探讨当前开源硬件团体标准制定的难点问题，积极推动《普通高中开源硬件技术规范》团体标准制订工作科学合理地开展。同时，此团体标准的制订秉承开源精神、倡导开源文化，期待并欢迎更多国内专家、企事业同行共同参与其中，使《普通高中开源硬件技术规范》团体标准尽快上升为行业标准，在中国特色的教学用开源硬件领域为学校建设提供标准参考依据。

4.5 面向教育教学的开源社区

开源作为一种知识分享和交流的方式，促成开源软件、开源硬件、开源项目以及开源社区一起构成了一种文化认同的体系。

以开源硬件装备为支点，建设中国特色的开源软、硬件生态环境，可以提升教师队伍信息素养，推动中国特色的开源硬件、开源软件的良性发展，全面支持中小学阶段 Python 教学与人工智能学科教学，培养未来的人才。

随着技术使用门槛的降低，开源硬件被广泛应用于各个领域，如工业原型设计、交互艺术、智能制造，教育领域等。以开源硬件作为开发平台并实现创意的人群也在不断扩充，人们的创造力被无限激发，这群人被称为"创客"。正因为如此，开源硬件与创客文化才有着紧密联系[1][2][3]。

目前国内外已兴起了众多服务于创客们的优质线上开源社区，国外著名的开源社区有 Instructables、Hackster.io、GitHub、Arduino.cc、Adafruit、Let's Make Robots 社区等，如图 4-30 所示。国内为人所熟知的开源社区有开源中国社区、DF 创客社区、Arduino 论坛、Labplus 社区、Laserblock 论坛、MicroPython 中文社区等。在发达的信息时代，地域已无法限制人们的想象，在线分享平台（见图 4-30）为创客们提供了来自世界各地丰富多彩的创意与创造，让无论身处何地的人们都能触手可得。

图 4-30 国内外知名开源社区

早在 2006 年，RoboticFan 社区[4]中诞生了国内最早的开源硬件项目——HCR（Home Care Robot）（见图 4-31）。RoboticFan 社区也是当时国内最早的开源社区。HCR 项目是 RoboticFan 社区成员自主发起的开源项目。当时 HCR 项目的组织方式都是以开源形式进行的，并在社区中进行集资众筹。由于社区成员们有着开放的分享精神，让 HCR 这个产品能在整个社区生态中得到快速迭代，也使得机器人的制造成本急剧降低，硬件器材的成

---

[1] 祝智庭，孙妍妍. 创客教育：信息技术使能的创新教育实践场 [J]. 中国电化教育，2015(01):14-21.
[2] 祝智庭，雒亮. 从创客运动到创客教育：培植众创文化 [J]. 电化教育研究，2015,36(07):5-13.
[3] 杨现民，李冀红. 创客教育的价值潜能及其争议 [J]. 现代远程教育研究，2015(02):23-34.
[4] 目前合并到 DF 创客社区中。

本从原来的 4 万元降低到 5000 元。2014 年，HCR 项目被麻省理工学院和斯坦福大学的计算机课程标准的开发平台所选用。HCR 还被广泛应用于移动机器人的学术研究和商用开发，给机器人行业普及提供了极大可能性。

图 4-31　HCR 开源机器人项目实物图

开源硬件不仅仅是硬件设计方法的开放，更多的是体现了一种创新理念的开放[5]。无论是开源软件还是开源硬件，都是基于开放与创新的理念，这也使得开源文化天然具有社区属性，社区在其中也发挥着重要的作用，大部分开源项目也是由开源社区孕育而来。开源本质是构建开放生态，与闭源生态相比，开源生态能最大程度地促进整个行业正向循环发展，在行业价值链中的所有群体都是受益者。构建完整的开放生态，往往能让新技术快速走向成熟。

---

⑤　刘刚刚. 面向创新思维培养的开源硬件课程设计及开发 [D]. 北京邮电大学, 2018.

第五章 开源硬件项目设计——国家课程的设立与教学实践

基于开源硬件的项目设计与开发有益于激发学生创新的兴趣，培养学生动手实践的能力，同时也是在信息技术课程中实现 STEAM（科学、技术、工程、人文艺术与数学）教育的理想方法。

——《普通高中信息技术课程标准》

普通高中信息技术《开源硬件项目设计》课程的设立，是开源硬件在国内发展的重要标志。在此之前，开源硬件以创客教育、机器人教育、STEAM 跨学科学习、科技社团等形式出现在中小学校园中，2018 年以后，开源硬件正式进入国家课程。

5.1 普通高中信息技术学科定位

2018 年 1 月，教育部颁布了新修订的《普通高中课程方案（2017 年版）》和高中各学科课程标准[①]（以下简称新课标）。新课标是对 2003 年教育部印发的普通高中课程方案和课程标准实验稿的全面总结与提升，深入总结 21 世纪以来我国普通高中课程改革的宝贵经验，充分借鉴国际课程改革的优秀成果，努力将普通高中课程方案和课程标准修订成既符合我国实际情况，又具有国际视野的纲领性教学文件，构建具有中国特色的普通高中课程体系。

为了在制度上强化新课标有效实施，这次修订新增"条件保障"和"管理与监督"两部分内容要求。前一部分从师资队伍建设、教学设施和经费保障等方面提出了具体要求；后一部分强化了各级教育行政部门和学校课程实施的责任。

新课标进一步明确了普通高中教育的定位，是在义务教育基础上进一步提高国民素质、面向大众的基础教育，任务是促进学生全面而有个性的发展，为学生适应社会生活、高等

[①] 教育部关于印发《普通高中课程方案和语文等学科课程标准（2017 年版）》的通知 [J]. 中华人民共和国教育部公报, 2018(Z1):60.

教育和职业发展作准备，为学生的终身发展奠定基础。

5.2 选择性必修模块6课程目标

在高中信息技术课程结构中，选择性必修模块 6 开源硬件项目设计属于高中信息技术选择性必修课程。高中信息技术选择性必修课程是根据学生升学、个性化发展需要而设计的，分为升学考试类课程和个性化发展类课程，旨在为学生将来进入高校继续开展与信息技术相关方向的学习以及应用信息技术进行创新、创造提供条件。

选择性必修模块 6 开源硬件项目设计课标原文中，首句就开宗明义，"基于开源硬件的项目设计与开发有益于激发学生创新的兴趣，培养学生动手实践的能力，同时也是在信息技术课程中实现 STEAM（科学、技术、工程、人文艺术与数学）教育的理想方法。""通过本模块的学习，学生能搜索并利用开源硬件及相关资料，体验作品的创意、设计、制作、测试、运行的完整过程，初步形成以信息技术学科方法观察事物和求解问题的能力，提升计算思维与创新能力。"

5.3 选择性必修模块6跟其他模块之间的关联

新课标突出强调项目式跨学科学习，学科各模块之间也保持紧密关联。选择性必修模块 6 开源硬件项目设计与其他模块之间的直接关联如图 5-1 所示。

5.3.1 跟必修模块 1 数据与计算之间的关联

必修模块 1[①] 在教学提示中提出，在本模块教学中，教师可通过项目活动创设问题情境，引导学生在解决问题的过程中感受信息技术对人们日常生活的影响，帮助他们探究数

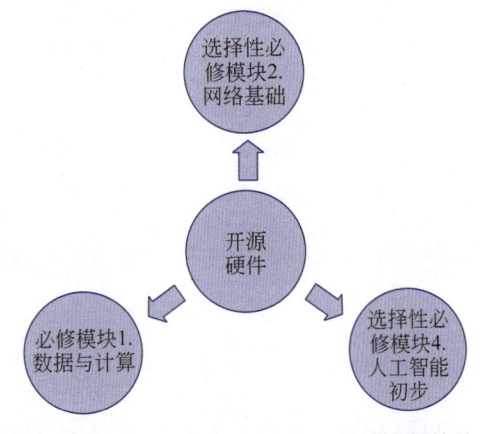

图 5-1 开源硬件项目设计与其他模块之间的关系

---

① 中华人民共和国教育部. 普通高中信息技术课程标准 [M]. 北京：人民教育出版社，2018.

据与计算的知识，提高利用信息技术解决问题的能力，发展计算思维。

借助数字化学习环境，引导学生体验数字化学习与创新活动，通过整合其他学科的学习任务，帮助学生学会运用数字化工具（如移动终端、开源硬件、网络学习平台、编程软件、应用软件等）[①] 表达思想、建构知识。

5.3.2　跟选择性必修模块 2 网络基础之间的关联

选择性必修模块 2 在教学提示中提出，本模块教学适宜在能够接入互联网的信息技术实验室中开展，可根据条件配置相应的组网设备或者开源的板卡[②]，为学生创建操作实践的环境。在开展网络连接、网络服务等活动时，要尽量采用较新的技术、软件和设备，并与学生的日常网络使用经验建立联系。

5.3.3　跟选择性必修模块 4 人工智能初步之间的关联

选择性必修模块 4 内容要求 4.4 条提出，利用开源人工智能应用框架，搭建简单的人工智能应用模块，并能根据实际需要配置适当的环境、参数及自然交互方式等。并在教学提示中提出，在学习简单智能系统开发内容时，可以采用小组合作、项目学习等方式组织教学，充分利用丰富的开源硬件[③] 和人工智能应用框架等资源，搭建面向实际生活的应用场景，发挥学生的自主学习与探究学习能力，鼓励学生积极探究、大胆实践，激发学生的创新思维。

5.4　教材框架导读

2019 年，普通高中各科教材陆续通过国家教材委员会专家委员会审核。其中普通高中信息技术教科书共有 6 个版本，分别是人民教育出版社和中国地图出版社联合组织编写的人教中图版[④]、上海科技教育出版社组织编写的沪科教版[⑤]、广东教育出版社组织编写

[①]　此处的教学环境既是必修 1 的要求，也是适用于选择性必修 6 开源硬件项目设计。
[②]　即第二章开源硬件分类汇总表中的 SBC 单板计算机，又称单板机。
[③]　此处的开源硬件对应第二章开源硬件分类汇总表中第五大类 AI 加速・人工智能教学类 AIOT 设备。
[④]　张金，周茂华 . 普通高中教科书　信息技术　选择性必修 6　开源硬件项目设计 [M]. 北京：人民教育出版社，中国地图出版社，2020.
[⑤]　季隽 . 普通高中教科书　信息技术　选择性必修 6　开源硬件项目设计 [M]. 上海：上海科技教育出版社，2019.

的粤教版[1]、浙江教育出版社组织编写的浙教版[2]、教育科学出版社组织编写的教科版[3]、华东师范大学出版社组织编写的华东师大版[4]。接下来，按顺序梳理每个版本的《开源硬件项目设计》教材的体例格式、知识框架、主题学习项目和实验案例与器材清单。

5.4.1 人教中图版教材框架

人教中图版教材框架如表 5-1 所示，共有四章内容，分别是开源硬件及其特征、开源硬件项目剖析、开源硬件创意设计和开源硬件项目制作，每章切合一个主题学习项目，贯穿本章知识的学习，分别对应开源硬件推介会、走进创客空间、创想未来生活和智造美好生活，内容上偏务虚，给实际教学留有足够的调整空间。为保障主题项目活动的顺利开展，要求学生按阶段检查项目的进度。

每章内容以主题项目学习为先导，以总结与评价收尾，在正文之间穿插学习目标、体验探索、实践活动、思考活动、阅读拓展、技术支持、练习提升等多种形式的小栏目。正文论述完整的知识框架；学习目标明确每节的教学目标；体验探索为每节引出话题；实践活动紧贴正文内容与逻辑，相当于老师的示教活动，内容一般可以安排在课堂内完成，时间一般控制在 3~5min，快速帮助学生抓住知识要点，是培育学生核心素养的重要组成部分；思考活动，具有一定的开放性，注重培养学生的思维习惯；阅读拓展给学生打开更宽广的视角，主要用于拓展正文内容的深度和广度；技术支持偏向工程实践，为项目学习与设计提供更多的底层技术；练习提升帮助学生快速梳理本节课学习的成果。

表 5-1 人教中图版教材框架表

章	节	小节
第 1 章 开源硬件及其特征	主题学习项目：开源硬件推介会	
	1.1 认识开源硬件	1.1.1 开源与开源硬件
		1.1.2 开源硬件与开源协议
		1.1.3 常见的开源硬件
	1.2 开源硬件的发展	1.2.1 发展背景
		1.2.2 用户群体与影响力

---

[1] 龙丽嫦，胡永跃. 普通高中教科书 信息技术 选择性必修 6 开源硬件项目设计 [M]. 广州：广东教育出版社，2020.

[2] 谢作如. 普通高中教科书 信息技术 选择性必修 6 开源硬件项目设计 [M]. 杭州：浙江教育出版社，2019.

[3] 张义兵，钟柏昌. 普通高中教科书 信息技术 选择性必修 6 开源硬件项目设计 [M]. 北京：教育科学出版社，2020.

[4] 方向忠，杨晓哲. 普通高中教科书 信息技术 选择性必修 6 开源硬件项目设计 [M]. 上海：华东师范大学出版社，2021.

续表

章	节	小　节
第1章　开源硬件及其特征	1.3　开源硬件的特征	1.3.1　开源与开放
		1.3.2　分享与协作
		1.3.3　模块与复用
	1.4　开源硬件与创新	1.4.1　激发创新兴趣
		1.4.2　培养实践能力
		1.4.3　助力创新型社会
	总结评价	
第2章　开源硬件项目剖析	主题学习项目：走进创客空间	
	2.1　设计工具与编程语言	2.1.1　设计工具
		2.1.2　编程语言
	2.2　开源硬件开发基础	2.2.1　引脚控制
		2.2.2　输入模块
		2.2.3　输出模块
	2.3　通信模块与扩展板	2.3.1　通信模块
		2.3.2　扩展模块
	2.4　项目开发流程剖析	2.4.1　媒体艺术作品
		2.4.2　不断迭代的3D打印机
		2.4.3　快速原型
		2.4.4　项目开发基本流程
	总结评价	
第3章　开源硬件创意设计	主题学习项目：创想未来生活	
	3.1　分析事物特征	3.1.1　需求分析
		3.1.2　创意与创新
	3.2　项目设计方案	3.2.1　功能设计
		3.2.2　外观设计
		3.2.3　交互设计
	3.3　选择硬件方案	3.3.1　核心板选择
		3.3.2　周边模块选择
	3.4　审查并优化方案	3.4.1　方案审查
		3.4.2　方案优化
	总结评价	
第4章　开源硬件项目制作	主题学习项目：智造美好生活	
	4.1　实现功能	4.1.1　启动项目
		4.1.2　外形制作
		4.1.3　技术实现
		4.1.4　实现原型
	4.2　调控测试	4.2.1　测试环境与仪器
		4.2.2　项目测试
		4.2.3　调控执行
		4.2.4　完善项目

续表

章	节	小节
第 4 章 开源硬件项目制作	4.3. 开源与知识产权保护	4.3.1 项目分享
		4.3.2 知识产权保护的意义
	总结评价	

5.4.2 沪科教版教材框架

沪科教版教材框架如表 5-2 所示，共三个单元内容，分别是开源硬件与信息技术创新、基于开源硬件的信息系统和开源硬件项目设计与开发，每单元包含两个学习项目，以项目式学习展开。该教材的特色在于以项目名称作为节的标题，在项目中穿插知识讲解。每个项目的侧重点不同，项目一的侧重点是了解开源硬件的特征和价值，项目二的侧重点是了解开源硬件项目设计的一般流程，项目三的侧重点是实现数据的输入、处理与输出，项目四的侧重点是体验作品的迭代优化，项目五的侧重点是体验无线数据传输，项目六的侧重点是利用输出数据驱动执行装置。项目注重学生的实际操作，每章结尾都有单元挑战任务，与现实生活息息相关，以检测学生对内容的掌握程度并激发他们的创新思维。

每章在开始部分进行简短的引入，明确本章的学习目标和内容后，就进入以项目为主导的学习。项目包含项目学习目标与项目学习指引和知识链接，项目学习目标是完成学习后需要达到的目标，以问题的形式呈现；项目学习指引包括实现项目需要的知识储备、项目步骤等；知识链接是对项目相关知识的拓展，以补充项目指引中涉及的知识，支持学生更系统地学习相关知识。其中项目学习指引是内容主体，所占篇幅最多，里面穿插着思考与讨论、活动、小贴士、数字化学习等小栏目。思考与讨论注重培养学生的思维习惯；活动与内容紧密结合，一般为一个小型的项目，达到辅助正文和知识迁移的效果；小贴士则是对项目中一些重点、易错点进行提示；数字化学习提示学生通过数字化手段查阅资料、辅助学习等。

表 5-2 沪科教版教材框架表

章	节	小节
第 1 单元 开源硬件与信息技术创新	1.1 探究开源硬件作品（项目一）	1.1.1 认识开源硬件
		1.1.2 了解常见开源硬件功能
		1.1.3 探究开源硬件的价值
	1.2 设计制作交通信号灯（项目二）	1.2.1 提出想法
		1.2.2 设计系统解决方案
		1.2.3 利用开源硬件实现解决方案

续表

章	节	小节
第1单元 开源硬件与信息技术创新	单元挑战：制作小夜灯	
	单元小结	
第2单元 基于开源硬件的信息系统	2.1 设计制作低头报警器（项目三）	2.1.1 提出想法
		2.1.2 设计基于开源硬件的信息系统
		2.1.3 实现数据的采集、运算处理和输出
	2.2 设计制作自行车里程仪（项目四）	2.2.1 提出想法
		2.2.2 设计符合事物特性的系统
		2.2.3 实现作品设计方案及其优化
	单元挑战：设计制作创意风扇	
	单元小结	
第3单元 开源硬件项目设计与开发	3.1 设计制作智能园艺装置（项目五）	3.1.1 提出想法
		3.1.2 设计基于无线数据传输的系统
		3.1.3 实现数据的采集及无线传输
	3.2 设计制作无人船模型（项目六）	3.2.1 提出想法
		3.2.2 根据应用情境设计系统
		3.2.3 实现数据驱动的动力控制
	单元挑战：设计制作远程快递收件盒	
	单元小结	

5.4.3 粤教版教材框架

粤教版教材框架如表5-3所示，共有五章内容，分别是认识开源硬件项目、开源硬件项目的开发流程与方案设计、开源硬件项目的制作、开源硬件项目输入输出组件及综合应用项目开发、知识分享与知识产权，每章切合一个项目范例，贯穿本章知识的学习，分别对应体验Arduino开发平台、基于开源硬件的感应灯开发规划、基于开源硬件的感应灯制作、基于开源硬件的教室空气质量监测仪开发、教室空气质量监测仪的开源许可证与知识共享。

每章内容以项目范例为先导，在正文开始前设置了项目范例、项目选题、项目规划、方案交流等学习栏目,指导同学们开展项目学习活动。其中,项目范例通过情境、主题、规划、探究、实施、成果、评价等活动，引导学生了解开展项目学习活动的全过程；项目选题提供了不同的来自真实世界的主题；项目规划要求根据项目选题制定的项目方案；方案交流引导学生展示交流自己设计的项目方案,师生共同探究、完善方案。了解项目主题与要求后,就进入正文部分，正文包含探究活动、项目实施、成果交流、活动评价这几个栏目。探究活动是通过观察、查阅、阅读、思考、交流、实践、实验、调查、讨论、拓展、体验等活动,获取知识和技能的过程，是正文的主体部分；项目实施是运用在项目学习过程中所获得的知识和技能来完成项目方案；成果交流是展示交流项目成果；活动评价是教师组织学生开展的项目学习评价活动。章节最后设置本章扼要回顾和学业评价，扼要回顾以知识结构图的方式总结章节内容，建立知识结构体系；学业评价以主观题与客观题相结合的方式测试学生对目标的掌握程度。

表 5-3　粤教版教材框架表

章	节	小 节
第 1 章　认识开源硬件项目	项目范例：体验 Arduino 开发平台	
	1.1　开源硬件的特征及发展历程	1.1.1　开源硬件
		1.1.2　开源硬件的特征
		1.1.3　开源硬件的发展历程
	1.2　利用开源硬件进行创新	1.2.1　开源硬件的设计和开发创新
		1.2.2　开源硬件的应用
		1.2.3　开源硬件对信息技术创新的意义
	1.3　开源硬件系统的组成及开发环境	1.3.1　开源硬件项目
		1.3.2　开源硬件系统的一般组成
		1.3.3　开源硬件项目的开发平台
第 2 章　开源硬件项目的开发流程与方案设计	项目范例：基于开源硬件的感应灯开发规划	
	2.1　开源硬件项目开发的基本流程	2.1.1　创意
		2.1.2　设计
		2.1.3　制作
		2.1.4　测试
		2.1.5　运行
	2.2　开源硬件项目开发的创意策划	2.2.1　项目选题的策划
		2.2.2　项目构思的创意策划
	2.3　开源硬件项目开发的方案设计	2.3.1　项目功能需求分析
		2.3.2　项目功能组件设计
		2.3.3　项目元器件选型
		2.3.4　项目设计图样绘制
		2.3.5　项目技术方案制订
第 3 章　开源硬件项目的制作	项目范例：基于开源硬件的感应灯制作	
	3.1　项目作品的硬件搭建	3.1.1　硬件搭建的器材
		3.1.2　硬件搭建的步骤
		3.1.3　硬件搭建的安全防护
	3.2　项目作品的程序设计	3.2.1　用图形化编程工具编程
		3.2.2　用文本代码编程工具编程
	3.3　项目作品的功能测试与运行	3.3.1　项目作品的功能测试
		3.3.2　项目作品的系统调试
		3.3.3　项目作品的运行

续表

章	节	小节
第4章 开源硬件项目输入输出组件及综合应用项目开发	项目范例：基于开源硬件的教室空气质量监测仪开发	
	4.1 开发板的 I/O 信号控制	4.1.1 开发板的 I/O 信号类型
		4.1.2 开发板的数字和模拟引脚
		4.1.3 开发板信号处理的程序函数
		4.1.4 开发板串口使用
	4.2 开源硬件项目的输入组件	4.2.1 传感器
		4.2.2 环境检测类传感器常见模块
		4.2.3 物理测量类传感器常见模块
	4.3 开源硬件项目的输出组件	4.3.1 执行器组件常见模块
		4.3.2 显示组件常见模块
	4.4. 综合应用项目开发	4.4.1 教室空气质量监测仪项目的创意策划
		4.4.2 教室空气质量监测仪项目的技术方案设计
		4.4.3 教室空气质量监测仪项目的程序设计
		4.4.4 教室空气质量监测仪项目的调试和运行
第5章 知识分享与知识产权	项目范例：教室空气质量监测仪的开源许可证与知识分享	
	5.1 知识分享与开源精神	5.1.1 知识分享背景下的开源精神
		5.1.2 互联网常用知识分享平台
	5.2 开放源代码与知识产权	5.2.1 知识产权及其历史
		5.2.2 常见的开源许可证

5.4.4 教科版教材框架

教科版教材框架如表 5-4 所示，共有四个单元内容，分别是初识开源硬件、实验模拟型项目设计、科学探究型项目设计、趣味交互型项目设计，每单元都包含与开源硬件相关的小型项目，包括调研、方案设计、作品制作等形式多样的项目。整体章节结构编排顺序为不同类型的项目设计，实验模拟型项目主要通过项目了解一些常用的组件；科学研究型项目主要学习的是不同的传感器；趣味交互型项目则是一些综合项目，将之前的模块化项目组建成综合项目，从而达到由浅入深的目的。

教科版教材的特色在于其主张通过"造物"的方式学习开源硬件相关内容，所以除了第 1 单元以外，后面三个单元的内容都需要动手实验，在做中学，将知识讲解穿插在项目进行的过程中，学习一个项目，讲解一个项目涉及的硬件基本知识与原理、程序的基础知识与应用等，这是与其他版本教材差异性较大的编排方式。其他版本教材一般先系统地介绍实现开源硬件项目的硬件工具、编程环境和流程后，再进行实施，知识更模块化，而教科版的知识相对而言是碎片化的。

每单元内容直接进入正文，正文部分以项目作为节标题，每节内容包含学习目标、任务、活动、作品发布与评价、拓展练习。学习目标就是项目目标，即通过项目掌握的三维目标；任务与活动是结合在一起的，通过任务引领活动，进行项目设计与开发；作品发布与评价是开展作品的自评、互评等；拓展练习是对项目的拓展迁移，帮助学生更好地掌握知识。单元学习评价通过主观题与客观题的形式，供学生自我检测对本章内容的掌握情况；单元学习总结是本单元的思维导图，对本单元的主要内容进行总结。

表 5-4 教科版教材框架表

章	节	小节
第1单元 初识源硬件	1.1 开源运动与开源硬件	1.1.1 开源运动
		1.1.2 开源硬件
		1.1.3 常见的开源硬件产品
	1.2 Arduino 操作基础与开发流程	1.2.1 Arduino 控制板
		1.2.2 Arduino 的系统构成
		1.2.3 IDE 编程环境
		1.2.4 开源硬件项目开发的一般流程
	单元学习评价	
	单元学习总结	
第2单元 实验模拟项目设计	2.1 点亮 LED	2.1.1 LED 的功能与结构
		2.1.2 LED 与数字输出
		2.1.3 Arduino 数字引脚与 LED 的连接
		2.1.4 实现项目所用的 3 个函数
	2.2 控制蜂鸣器	2.2.1 蜂鸣器
		2.2.2 模拟量与模拟输出
		2.2.3 实现项目的基础编程知识
	2.3 按钮开关	2.3.1 按钮与数字输入
		2.3.2 按钮值的读取与判断
		2.3.3 实现项目的函数
	2.4 声光检测	2.4.1 传感器的使用
		2.4.2 Arduino 控制板上的模拟引脚
		2.4.3 实现项目的函数与编程
	2.5 数码管显示	2.5.1 数码管
		2.5.2 振动传感器
		2.5.3 控制数码管的显示
		2.5.4 实现项目的基础编程知识
	2.6 红外遥控	2.6.1 直流电机
		2.6.2 红外遥控原理
		2.6.3 PWM 控制
		2.6.4 红外解码

续表

章	节	小节
第2单元 实验模拟项目设计	2.7 超声波测距	2.7.1 超声波传感器
		2.7.2 超声波传感器测距的原理
		2.7.3 超声波传感器测距的实现
		2.7.4 映射函数
	2.8 双电机控制	2.8.1 防跌落传感器
		2.8.2 双轮差速原理
		2.8.3 实现项目的基础编程知识
	2.9 循线	2.9.1 循线传感器
		2.9.2 路径检测策略
	单元学习评价	
	单元学习总结	
第3单元 科学探究型项目设计	3.1 水温监测	3.1.1 防水温度传感器
		3.1.2 实现项目的2个库
	3.2 单摆监测	3.2.1 红外数字避障传感器
		3.2.2 实现项目的函数
	3.3 电压检测	3.3.1 电压检测模块
		3.3.2 读取电压值
	单元学习评价	
	单元学习总结	
第4单元 趣味交互型项目设计	4.1 造型切换	4.1.1 S4A 界面
		4.1.2 S4A 与 Arduino 之间的通信
		4.1.3 实现项目的基础编程操作
	4.2 角色互换	4.2.1 传感器的使用
		4.2.2 控制板角色与非控制板角色
		4.2.3 实现项目的基础编程操作
	4.3 坐标定位	4.3.1 温度传感器
		4.3.2 坐标定位
		4.3.3 实现项目的基础编程操作
	4.4 侦测	4.4.1 摇杆
		4.4.2 实现项目的基础编程操作
	单元学习评价	
	单元学习总结	

5.4.5 浙教版教材框架

浙教版教材框架如表 5-5 所示，共有五章内容，分别是开源思想与开源硬件、开源硬件项目的开发流程、开源硬件项目的开发基础、开源硬件项目的开发实践、开源硬件项目的发布与维护。章节按照项目开发的逻辑结构进行编排，首先是开源硬件的先行知识，包含基础知识和开发流程，其次进行开源硬件项目实践，最后发布项目。整体结构清晰易懂。

每章内容以问题与挑战、学习目标和内容总览为先导，问题与挑战旨在激发学生的思维活动，进行问题引入；学习目标明确一章的教学目标；内容总览呈现本章的学习框架，明确本章的大致内容。每章以项目挑战收尾，项目挑战包含一个具体的实施项目，不同于人教中图版、粤教版等将项目实践贯穿于每个章节的内容，浙教版教材将项目设置成挑战形式，需要学生在课外时间完成项目作品。同时项目挑战会明确项目任务、过程与建议、评价标准和拓展项目。正文间穿插问题与讨论、拓展链接、实践与体验、巩固与提高这几个小栏目，问题与讨论引导学生的发散思维、迁移能力等，一般为开放性问题；拓展链接对教学内容进行知识补充与丰富；实践与体验一般为一个小型的项目，内容一般可以安排在课堂内完成，是对某个知识与技能的强调，旨在提高学生的动手能力，是培育学生核心素养的重要组成部分；巩固与提高是通过问题、任务的形式，对本章内容进行回顾与深入。

表 5-5　浙教版教材框架表

章	节	小节	
第 1 章　开源思想与开源硬件	1.1　开源思想与开源运动	1.1.1	知识共享与知识产权保护
		1.1.2	开源运动
		1.1.3	开源硬件
	1.2　开源硬件的发展及特征	1.2.1	开源硬件的历史
		1.2.2	开源硬件的特征
	1.3　开源硬件的经典案例	1.3.1	RepRap 项目
		1.3.2	OpenPilot 项目
		1.3.3	Tabby 项目
		1.3.4	HCR 项目
第 2 章　开源硬件项目的开发流程	2.1　开源硬件项目的案例剖析	2.1.1	项目由来
		2.1.2	分析论证
		2.1.3	具体实施
	2.2　项目开发的过程与方法	2.2.1	创意与需求
		2.2.2	可行性分析
		2.2.3	规划与制作
		2.2.4	调试与迭代
第 3 章　开源硬件项目的开发基础	3.1　常见的开源硬件	3.1.1	三款常见开源硬件
	3.2　开源硬件编程基础	3.2.1	编程工具概述
		3.2.2	基本的输入与输出
		3.2.3	串行通信
	3.3　传感器的接入	3.3.1	传感器的认识
		3.3.2	传感器的分类
		3.3.3	传感器的应用

续表

章	节	小节
第 3 章 开源硬件项目的开发基础	3.4 控制信号的输出	3.4.1 显示模块
		3.4.2 声音模块
		3.4.3 电动执行模块
	3.5 无线通信的实现	3.5.1 蓝牙通信
		3.5.2 Wi-Fi 模块通信
第 4 章 开源硬件项目的开发实践	4.1 人机互动的项目开发	4.1.1 人机互动的项目特点
		4.1.2 人机互动的项目开发实例
	4.2 多机通信的项目开发	4.2.1 多机通信的项目特点
		4.2.2 开发实例
	4.3 基于物联网的项目开发	4.3.1 基于物联网项目的特点
		4.3.2 物联网项目开发实例
第 5 章 开源硬件项目的发布与维护	5.1 开源硬件项目的发布	5.1.1 开源社区简介
		5.1.2 开源项目的常用许可协议
		5.1.3 开源硬件项目的发布清单
	5.2 开源硬件项目的维护	5.2.1 开源硬件项目的版本管理
		5.2.2 开源硬件项目的维护经验

5.4.6 华东师大版教材框架

华东师大版教材框架如表 5-6 所示，共有四章内容，分别是开源文化与开源硬件、开源硬件系统的输入与输出、开源硬件系统的模块扩展与连接、开源硬件项目实践设计，每章切合一个主题学习项目，贯穿本章知识的学习，分别对应初探智能水杯、打造机器伙伴、开发运动助手、搭建无人小车。在内容呈现方面，按照开源硬件项目设计的流程，呈现从需求分析到项目发布的全过程。

每章最开始呈现学习目标与本章知识结构，供师生大致了解本章学习内容。章节以项目主题为先导，包括提供项目情境、发布项目任务。除第 4 章外，其余章节的项目实施不是穿插在整个章节的正文中，而是在介绍完基础知识后，用最后一小节进行项目实践，整体把握项目。在正文之间穿插体验思考、技术支持、知识延伸、探究活动、项目实践、作业练习等多种形式的小栏目。体验思考通过现实生活中的情境，引导学生思考并引出学习主题；技术支持偏向工程实践，为项目学习与设计提供更多的底层技术；知识延伸是学习内容深度与广度的扩展，以丰富学生的视角；探究活动是对课程重难点的探究，用于引出项目实践；项目实践与课程活动、项目主题紧密相连，不仅是整体项目的探究实践，也有模块化小项目的实践，用于培养学生的动手能力，是培育学生核心素养的重要组成部分；

作业练习则帮助学生巩固所学知识，每小节都有作业练习，而不是一章的作业练习。

表 5-6　华东师大版教材框架表

章	节	小 节
第 1 章　开源文化与开源硬件		项目主题：初探智能水杯
	1.1　开源文化	1.1.1　开源的起源与宗旨
		1.1.2　开源协议的作用
		1.1.3　开源社区
		1.1.4　从开源软件到开源硬件
	1.2　开源硬件平台及其结构	1.2.1　基于微控制器的信息处理系统
		1.2.2　常见的开源硬件开发平台
		1.2.3　集成开发环境（IDE）
	1.3　开源硬件项目设计方法	1.3.1　需求分析
		1.3.2　方案设计
		1.3.3　作品制作
		1.3.4　调试优化
		1.3.5　项目发布与共享
第 2 章　开源硬件系统的输入与输出		项目主题：打造机器伙伴
	2.1　开源硬件系统的微控制器	2.1.1　微控制器的组成
		2.1.2　微控制器的引脚
		2.1.3　数据的输入/输出方式
	2.2　开源硬件系统的输入	2.2.1　数字信号输入
		2.2.2　模拟信号输入
		2.2.3　机器伙伴·感应节能夜灯
	2.3　开源硬件系统的输出	2.3.1　数字信号输出
		2.3.2　模拟信号输出
		2.3.3　机器伙伴·番茄钟
		2.3.3　机器伙伴·安全警示灯
第 3 章　开源硬件系统的模块扩展和连接		项目主题：开发运动助手
	3.1　通信方式简介	3.1.1　通信信道的选择
		3.1.2　通信协议的选择
		3.1.3　数据传输方式的选择
	3.2　通信方式应用	3.2.1　运动助手·北斗定位
		3.2.2　运动助手·电子屏幕
		3.2.3　运动助手·给钥匙
第 4 章　开源硬件项目设计实践		项目主题：搭建无人小车
	4.1　无人小车·整体设计	4.1.1　需求分析
		4.1.2　功能设计
		4.1.3　外观设计
		4.1.4　电子控制系统设计
	4.2　无人小车·运动与遥控	4.2.1　运动功能
		4.2.2　遥控功能

续表

章	节	小 节
第 4 章　开源硬件项目设计实践	4.3　无人小车·智能控制	4.3.1　图像识别
		4.3.2　双机通信
	4.4　无人小车·项目发布	4.4.1　开启一个开源项目
		4.4.2　Arduino 开源项目发布示例和许可证的选择

5.5　主题学习项目

在新课标的指引下，高中信息技术教学的开展以项目式学习为主，发挥了学生的主体学习地位，使学生在实践参与中获得了综合素养的培养。各版本教材在编写过程中，坚持以项目式学习为主线，贯穿知识、技能、情感态度与价值观等各要素，发展学生核心素养。

5.5.1　人教中图版项目学习案例

人教中图版教材剖析了三个典型的开源硬件项目作品。互动装置艺术作品"最美丽的时候遇见你"，属于新媒体艺术类案例；MakerBot 桌面 3D 打印机项目，重点强调开源项目的不断更新和迭代；国际猛禽中心的"智能鸟蛋"项目，这个案例突出体现了开源硬件在快速原型设计方面的优势和价值，是一个典型的基于开源硬件的小型信息系统案例。通过对三个案例的剖析，展示了开源硬件的防范用途，并引导出开源硬件项目设计的基本流程。

人教中图版教材共设置了四个主题学习项目，一章一个，分别是开源硬件推介会、走进创客空间、创想未来生活和智造美好生活，详见表 5-7~ 表 5-10。

表 5-7　主题学习项目：开源硬件推介会

项目目标	本章围绕"开源硬件推介会"主题开展项目学习，在了解了什么是开源硬件之后，通过实际操作简单的开源硬件项目，感受开源硬件的魅力。了解开源硬件的发展，及其对于创新发展的意义。以小组为单位组织开源硬件推介会，传播开源硬件及其背后的开源文化和开源思想	1. 认识开源硬件，了解其发展历程，总结开源硬件的特征 2. 体验简单的开源项目，了解常见开源硬件平台和相关功能模块 3. 体会学习开源硬件对于个人和社会创新的意义和价值
项目准备	1. 全班分成若干小组，每组 3~5 人，各组设计组名和小组标志徽章 2. 准备好本项目将要用到的 3 种开源核心板以及废旧纸箱、彩纸和彩笔等布展材料 3. 收集开源硬件的相关社区和开源项目的网址，建立小组数字收藏夹		

续表

项目过程	1. 了解常见开源硬件，体会开源软硬件的配合关系，小组制作发光的项目徽章 2. 根据对开源硬件发展的了解，选择感兴趣的领域，制作开源硬件发展展板 3. 收集各类利用开源硬件完成的项目，选择一个角度，剪辑开源硬件项目主题短片 4. 完成《开源硬件推介报告》，以多种形式展示小组成果，交流讨论
项目总结	完成本章项目后，注意汇总各组原始文档，回看推介会上各小组的展示视频，总结并反思各组的工作，提交一份小组学习总结报告。通过校园网、校园电台、科技节和校园文化节等多种渠道展示小组成果。整理学习资源时，根据个人兴趣有意识地选择一个特定视角或方向

表 5-8　主题学习项目：走进创客空间

项目目标	本章围绕"走进创客空间"主题开展项目学习。通过对设计工具与编程语言、硬件开发基础、通信与扩展模块的学习以及对开源硬件项目的剖析，体验开源硬件项目开发的基本流程，知道常用开源硬件的功能与用法	1. 了解创客空间中常用开源硬件设计工具与编程平台 2. 熟悉开源硬件常用输入输出模块、通信与扩展模块，知道常用开源硬件的基本功能与用法 3. 剖析使用开源硬件完成项目作品的实例，体验基于开源硬件完成项目的基本流程
项目准备	1. 全班分成若干小组，建议每组 3~5 人，明确分工，协作互助，完成项目任务 2. 器材准备：B 型板、V 型板、LED 模块、旋钮模块、舵机模块以及一些常用传感器 3. 安装必要的数字化设计工具、编程平台和测试工具等	
项目过程	1. 以小组为单位，分工收集设计工具与编程语言，构建小组工具档案 2. 以小组为单位，分工收集不同功能的硬件设备，构建小组硬件档案 3. 以小组为单位，分别从通信、驱动和拓展等方面收集整理硬件设备，完善小组硬件档案 4. 以小组为单位，参观创客空间，剖析一个感兴趣的开源硬件项目实例，体验一个完整开源硬件项目的一般流程	
项目总结	完成本章项目后，各小组提交项目学习成果，开展项目交流与评价，体验小组合作、项目学习和知识分享的过程，体验基于开源硬件完成项目的基本流程	

表 5-9　主题学习项目：创想未来生活

项目目标	本章围绕"创想未来生活"主题开展项目学习，设计一个未来的叫醒体验作品，从创意构思、确定设计方案、确定硬件方案和审查优化这几个方面逐步深入，最终以项目立项书的形式进行展示并全班交流	1. 理解同理心的内涵，学习用户画像等工具的使用方法，从生活中挖掘出需求作为创意源泉 2. 理解外观设计与交互设计的概念，学习对应的设计方法，并利用所学方法完成设计方案 3. 分析产品功能，确定产品硬件，选择对应的平台与周边模块，并尝试搭建产品原型
项目准备	全班分成若干小组，建议每组 3~5 人，明确目标和分工 1. 准备 B 型板等硬件，搜索互联网中相关资料，了解叫醒体验产品市场情况 2. 安装必要的数字化设计工具	

续表

项目过程	1. 确定用户需求，通过用户画像工具分析用户需求，确定项目作品类型，完成小组创意汇总表
	2. 根据项目需求，细化项目设计方案，确定作品功能，完成外观设计与交互设计，并完善小组项目草案
	3. 选择项目适用的开源硬件平台和周边模块，并验证平台与周边模块的实用性
	4. 从外观设计、交互设计、硬件选择等方面审查并优化项目方案，完成小组项目立项书
项目总结	完成本章项目后，各小组提交项目立项书，并在班级中开展项目交流与评价，体验用户研究、头脑风暴和项目细化的过程，认识从创意到成形方案之间的实现途径

表 5-10　主题学习项目：智造美好生活

项目目标	本章围绕"智造美好生活"主题开展项目学习，了解项目制作中的安全事项，理解项目数据采集、数据输出、运算处理与调控执行等过程，制作一款个性化作品	1. 利用开源硬件及编程语言实现作品功能，理解数据采集、数据输出和运算处理的过程
		2. 理解调控测试在项目中的作用，搭建测试环境，测试优化各项功能，完善项目作品
		3. 培养自主探究、协作学习、共同解决问题的能力，践行开源与知识分享的精神，理解知识产权保护的意义，学会正确认识及评价自己和他人
项目准备	1. 全班分成若干小组，建议每组 3~5 人，明确各自的任务和分工		
	2. 加工工具：激光切割机、3D 打印机、电烙铁、胶枪、钳子和螺丝刀等工具		
	3. 测试仪器：万用表、示波器、照度计		
	4. 开源硬件及耗材：B 型板、相关输入输出模块、木板和亚克力板等制作耗材		
	5. 设计工具：图形设计软件、编程平台、多媒体集成工具		
项目过程	1. 制作作品外形，编写程序代码，实现作品功能，完成原型制作		
	2. 搭建测试环境，测试、优化各项功能，调试程序，完善项目		
	3. 通过演讲的方式完成作品的展示、交流与分享		
项目总结	通过本章的学习，培养信息技术实验室安全操作习惯，运用数据采集、数据输出、运算处理等知识和技能，实现项目功能。完成知识建构，扩展视野，鼓励自主学习，培养动手实践能力、团队协作能力，提升计算思维与创新能力，全面提高信息素养		

5.5.2　沪科教版项目学习案例

沪科教版教材剖析了三个典型的开源硬件项目作品，分别是开源无人机、仿生手和小车"巡逻兵"，这三个案例用于说明开源硬件的价值，从开源硬件的不同应用展开，展示利用开源硬件开展的信息技术创新项目和作品的多样性及涉猎领域的广泛性。

沪科教版教材共设置了六个主题学习项目，每章一个，分别是探究开源硬件作品、设计制作交通信号灯、设计制作低头报警器、设计制作自行车里程仪、设计制作智能园艺装置和设计制作无人船模型详见表 5-11~ 表 5-16。

表 5-11　项目一：探究开源硬件作品——了解开源硬件的特征和价值

项目情境	技术的发展使得创新的方式发生了深刻的变化，尤其是近年来因得益于开源硬件的流行，创新作品的品种及数量、产品产生的速度和频率、甚至质量等都在不断地提高。开源硬件正是创新的助推器，它所特有的开放、共享理念，让人们能够更便捷地获取和交流信息，如硬件装置的设计说明和使用说明、作品设计文件、项目灵感和创意等。在这样一种协同和共享的环境中，人们能以较低的成本支撑创新，作品的开发周期大大缩短，从而提升了作品的竞争力。 那么，究竟什么是开源硬件？开源硬件具有哪些特征和功能？它是如何驱动创新的？	
项目学习目标	在本项目中，我们将结合一些案例了解开源硬件及利用开源硬件进行信息技术创新的意义。 完成本项目学习，须回答以下问题：	1. 什么是开源硬件？
		2. 常用开源硬件有哪些？
		3. 开源硬件是如何驱动创新的？
		4. 开源与保护知识产权矛盾吗？为什么？
项目学习指引	1. 选择一种开源硬件开展调查 2. 调查树莓派的各种型号及其发展关键事件，并制作其发展历程时间轴 3. 在开源社区中查找某一开源作品或项目，查看其分享的设计文件，了解开源硬件在其中的功能，并参考"飞屋"案例，简单绘制它的信息系统组成草图。然后，在学校里建立一个分享社区（线上线下均可），供同学之间分享开源作品及相关知识和创意等 4. 在班级里围绕"开源硬件是否受知识产权保护"展开讨论 5. 在开源社区中查找一些有创意的项目作品，并在班级内分享 6. 用文字描述一个创意设想，然后用草图描述其主要功能。另外，请简单列举可能需要哪些材料、技术、知识、工具来实现这个创意设想	

表 5-12　项目二：设计制作交通信号灯——了解开源硬件项目设计的一般流程

项目情境	开源硬件和现代信息技术提供了丰富的资源和快捷的方式，降低了技术门槛和设计开发的复杂度，给予人们设计开发创意作品、将自己的创意变为现实的机会。在开源硬件项目设计活动过程中，人们可以洞察现实的世界，体验创造的乐趣；每个人既是学习者，也是项目的策划者、规划师和工程师。 虽然每个基于开源硬件的作品制作都有其独特的过程，但是利用开源硬件进行项目设计的流程一般都要经历提出想法、设计系统解决方案、实现解决方案的完整过程，都要遵循设计、选材、组装、功能开发、测试、迭代优化等一系列步骤。在这一过程中，需要的知识与技能可能涉及科学、技术、数学、工程甚至艺术，它们往往不以系统性的面貌呈现，而是融入项目作品中，这就需要制作者根据项目的需要，自主去检索、学习、研究	
项目学习目标	本项目将尝试使用开源硬件 Arduino 设计制作一个交通信号灯，体验开源硬件项目设计的一般流程，体验利用开源硬件从提出想法到实现作品的完整过程。 完成本项目学习，须回答以下问题：	1. 开源硬件项目设计的一般流程是什么？
		2. 如何利用 Anduino IDE 编写、调试程序并将程序写入开发板？
		3. 如何连接开发板、LED 来搭建一个简单电路？搭建时有哪些注意事项？

续表

项目学习指引	1. 选择家附近或者学校附近的某一个路口，观察并记录该路口交通灯的种类及灯的亮灭情况，包括灯的亮灭时间和先后顺序等。尝试提出含三个灯（红、黄、绿）的交通灯设想
	2. 根据给出的实验步骤，完成 LED 的可行性验证实验。小组交流各自实验中遇到的问题及解决办法，并说说可行性验证实验的作用和意义
	3. 完成交通灯的制作并进行优化。 （1）根据给出的器件连接电路图搭建交通灯的原型。再参考给出的程序示意图，编写交通灯的控制程序，并进行测试。 （2）尝试对作品进行优化，将改进后的作品在班级内交流展示与评价，并将最终完成的作品连同设计文件等分享到校园开源社区
	4. 本项目设计制作的交通灯只有红、绿两盏灯，现实的交通灯一般是有红、绿、黄三盏灯交替闪烁，能否在已完成的作品基础上加以改进，实现红、黄、绿三盏灯交替闪烁的效果？（提示：只需要再使用 UNO 板的另一个数字引脚，连入一盏黄色的 LED，然后调整相应的控制程序即可）

表 5-13　项目三：设计制作低头报警器——实现数据的输入、处理与输出

项目情境	基于开源硬件的信息系统能够借助传感器获取外界环境的数据。经过一定处理后再输出到执行装置。这种从物理环境读入数据，再以物理方式反作用于物理环境的特点，使得基于开源硬件的信息系统能实现很多有趣的应用。 近年来的相关医学调查显示，青少年近视在一定程度上是由于坐姿不端正引起的。但在学习过程中，青少年无法获取头部距离桌面的高度数据，难以察觉自己的坐姿是否端正。能否利用开源硬件设计制作一个低头报警器，帮助他们及时发现自己坐姿端正与否？	
项目学习目标	在本项目中，我们将尝试利用开源硬件 Arduino 设计制作一个低头报警器，了解开源硬件如何实现数据的输入、处理与输出。 完成本项目学习，须回答以下问题：	1. 传感器在基于开源硬件的信息系统中的作用是什么？
		2. 传感器读取的数据有什么特点？
		3. 如何用开发板的输入引脚从传感器读取数据？
		4. 开发板引脚输出数据有哪些方式？如何选用输出引脚？
项目学习指引	1. 上网查找资料，了解目前常见报警器装置的应用情境及其检测数据	
	2. 根据给出的实验步骤，完成蜂鸣器发声实验和超声波传感器测距实验。小组交流各自实验中遇到的问题及采取的解决办法	
	3. 完成低头报警器的制作并进行优化。 （1）根据详细设计方案搭建低头报警器原型。再参考给出的程序示意图，编写低头报警器的程序，并进行测试。 （2）尝试对作品进行优化，如可以从造型、供电等方面来考虑。将优化后的作品在班级内交流展示，并对其他组的作品进行评价	
	4. 除了头部与书桌的距离过近会影响视力，光线不足也会对视力造成不良影响。能否在现有装置的基础上增加光线太暗的警报？（提示：光敏电阻可用来采集光线的强弱信息，光线信息可类同于本项目中的距离值，用程序判断其是否超出预设范围，从而决定蜂鸣器是否发出报警声）	

表 5-14 项目四：设计制作自行车里程仪——体验作品的迭代优化

项目情境	将创意或想法变为作品的过程，一般都要经历提出设想、设计系统解决方案、实现解决方案等环节，但这个过程并不一定都是完全按照环节的顺序线性开展的。因为在这个过程中，可能会遇到各种未曾预料到的问题，例如，预想的功能没有实现，产生一些新的想法或者测试发现一些不尽如人意的地方，这就迫使我们重新思考设计制作的每个环节，并作出相应的修改与调整。这种不断反思、修正的方法，被称为迭代优化，它贯穿作品的整个设计制作过程，帮助我们更好地实现设计初衷	
项目学习目标	本项目中，我们将设计制作一个自行车里程仪，并对其进行测试优化，体验作品的迭代优化过程。 完成本项目学习，须回答以下问题：	1. 基于对里程仪及自行车的分析，如何设计基于开源硬件的自行车里程仪方案？
		2. 根据设计方案，如何利用开源硬件的设计工具或编程语言，实现自行车里程仪的功能？
		3. 完成自行车里程仪原型制作后，可从哪些方面进行优化？
项目学习指引	1. 自主学习，了解不同类型交通工具检测里程和速度的基本方法 2. 根据给出的实验步骤，完成霍尔传感器检测磁场实验和用 LCD 显示数字实验，小组交流各自实验中遇到的问题及采用的解决办法 3. 尝试搭建自行车里程仪的原型，再参考程序示意图，编写自行车里程仪程序，并优化作品	

表 5-15 项目五：设计制作智能园艺装置——体验无线数据传输

项目情境	家中、校园里一般都会栽种各种植物。不同植物对水、光照等的需求各不相同。如果得不到精心照顾，植物往往会生长缓慢、生病甚至枯死。能否设计制作一个装置，用来检测植物的生长环境，如温度、湿度、光照等，并告知和帮助人们更专业地呵护植物呢？考虑到这些植物可能分布在家中或学校里的不同位置，该装置需要通过无线传输来收集各监测点的数据。 如果这个想法能实现，还可以将其应用到田间地头，变成一款帮助农户对农作物的种植环境进行监测的设备，告知何时该浇水施肥…… 与此相类似，生活中的许多问题都可以提出一些解决的想法，并尝试应用开源硬件来实现。若要设计制作一个智能园艺装置，你会有哪些想法？能否将想法变成作品？	
项目学习目标	在本项目中，我们将利用开源硬件设计制作一个智能园艺装置，帮助监测植物的生长环境。 完成本项目学习，须回答以下问题：	1. 智能园艺装置有哪些特点？如何设计合适的、符合自己能力的作品开发方案？
		2. 如何根据设计方案，制作智能园艺装置的原型并编程实现监测数据的输入、处理及输出？
		3. 无线数据传输的一般方法有哪些？如何根据作品需要选择恰当的传输方法？
项目学习指引	1. 为了设计智能园艺装置，首先需要学习有关植物和工程方面的基础知识 2. 确定该装置的基本功能需求和约束条件 3. 参考样例，将自己的想法转变为智能园艺装置的初步设计 4. 选择合适的器件来支持自己的智能园艺装置的初步设计 5. 开展数字化学习，了解相关可行性验证实验的开展方法并进行实验 6. 根据初步设计及选择的器件，完成智能园艺装置的详细设计方案，绘制电路连接图	

项目学习指引	7. 完成智能园艺装置的制作并进行优化。 （1）根据自己的详细设计方案搭建智能园艺装置的原型，并总结在该过程中遇到的问题。 （2）将程序分解为各个功能模块，绘制程序示意图并编写程序。 （3）完成作品的外观设计制作，为其拍摄照片或者视频。 （4）整理作品设计制作过程中的相关文档，包括设计草图、程序文档、材料清单等，并将其分享到校园开源社区中

表 5-16 项目六：设计制作无人船模型——利用输出数据驱动执行装置

项目情境	近年来，随着技术的发展，一些环境监测机构尝试利用无人船监测水质。比起过去靠人工驾船到相关水域进行采样，无人船监测更能节省成本，提高效率，还可以到达有潜在危险的水域，如污染区和深水区等。除了可以通过遥控器或地面控制基站操控外，有些水质监测无人船还具备自主导航和自动避障功能。另外，无人船在水域测绘、资源勘探、水上救援、海岛巡逻、货物运输等领域都可以大展身手。 那么，能否利用开源硬件，设计制作一艘小巧轻便、操作简易的无人船模型？与之前的智能园艺项目不同的是，无人船需要利用输出数据驱动执行装置，来实现船的前进、后退、转向等	
项目学习目标	在本项目中，我们将利用开源硬件设计制作一艘无人船模型。 完成本项目学习，须回答以下问题：	1. 如何根据对船的特征分析，设计基于开源硬件的无人船模型方案？
		2. 船的控制方式有哪些？如何根据自己的需要选择恰当的动力方式？
		3. 用输出数据驱动执行装置的方法有哪些？
		4. 如何实现简单信息系统的自动控制？
项目学习指引	1. 学习与无人船有关的基础知识	
	2. 确定无人船的基本功能和约束条件	
	3. 参考样例，将自己的想法变成无人船模型的初步设计	
	4. 根据无人船模型的初步设计，选用合适的器件	
	5. 根据自己的初步设计方案，开展可行性验证实验	
	6. 根据初步设计及选择的器件，完成无人船模型的详细设计方案，绘制电路连接图	
	7. 完成无人船模型的制作并进行优化。 （1）根据自己的详细设计方案搭建无人船原型，并总结搭建过程中遇到的问题。 （2）将程序分解为小的功能模块，绘制每个模块的核心示意图并编写相应的程序。 （3）将完成的无人船模型放入水中试航，测试作品的效果。为无人船拍摄照片或视频，将其与程序及设计文件等一起分享到校园开源社区中	

5.5.3 粤教版项目学习案例

粤教版共设置了五个主题学习项目，一章一个，分别是体验 Arduino 开发平台、基于开源硬件的感应灯开发规划、基于开源硬件的感应灯制作、基于开源硬件的教室空气质量监测仪开发、教室空气质量监测仪的开源许可证与知识分享，详见表 5-17~ 表 5-21。

表 5-17　项目范例：体验 Arduino 开发平台

项目范例			
	情境	随着全球创客运动的兴起，国内"大众创业，万众创新"热潮风起云涌，创客创业的活力不断被激发，"互联网＋创意智造"成为小微企业产品研发的创新路径，也为中国成长为创造大国提供动力引擎。开源硬件是创客运动的宠儿，其中 Arduino 是典型代表之一。基于 Arduino 开发平台，即使是非电子专业人群，也可以开发制作许多有趣的、互动的项目，为生活带来更好的创意体验，解决更多的问题。究竟什么是开源硬件和开源硬件开发平台？它们与创客是什么关系？学习利用开源硬件进行项目开发对信息技术应用创新有什么意义？	
	主题	体验 Arduino 开发平台	
	规划	进度安排：1. 组建团队，明确任务　2. 查阅资料，探究实施　3. 形成作品，开展评价 工具与方法：1. 思维导图，"头脑风暴"　2. 开源硬件系统及其开发环境　3. 实验法 预期成果：可视化体验报告	
	探究	根据项目学习规划的安排，通过网络资料搜索、文献阅读和动手探究，开展项目学习探究活动	
		探究活动 | **学习内容** | **知识技能** 认识 Arduino 开发平台 | 开源和开源软件的含义；开源硬件的概念与特征；了解开源硬件发展历程；常用的开源硬件 | 认识开源硬件的特征和发展；了解开源硬件发展历程；知道常用开源硬件的名称、功能和特征 　 | 开源硬件的设计和开发创新；开源硬件的应用领域；利用开源硬件进行信息技术创新的意义 | 理解利用开源硬件进行信息技术创新的意义 体验基于 Arduino 开发平台的项目 | 开源硬件项目的组成；开源硬件项目的开发平台 | 知道利用开源硬件进行项目开发的项目组成	
	实施	实施项目学习各项探究活动，进一步认识开源硬件的特征和发展，理解利用开源硬件进行信息技术创新的意义	
	成果	在小组开展项目范例学习过程中，利用思维导图工具梳理小组成员在"头脑风暴"活动中的观点，建立观点结构图，运用多媒体创作工具（如演示文稿、在线编辑工具等），综合加工和表达，形成项目范例可视化学习成果，并通过各种分享平台发布，共享创造、分享快乐	
	评价	根据"项目活动评价表"，对项目范例的学习过程和学习成果在小组或班级上进行交流，开展学习活动评价	
项目选题	同学们以 3~6 人组成一个小组，选择下面一个参考主题，或者自拟一个感兴趣的主题，开展项目学习	1. 体验 Arduino 的其他型号开发板与软件 2. 体验 micro:bit 开发平台 3. 体验 Raspberry Pi（树莓派）开发平台	
项目规划	各小组根据项目选题，参照项目范例的样式，利用思维导图工具，制订相应的项目方案		
方案交流	各小组将完成的方案在全班进行展示交流，师生共同探讨、完善相应的项目方案		

表 5-18 项目范例：基于开源硬件的感应灯开发规划

项目范例	情境	随着智能硬件技术的不断发展，产品的创新设计愈发丰富，从而改善和提升人们的生活品质。在智能控制系统中，智能灯光系统是其子系统之一。智能灯光系统能够根据环境光强度进行开启、关闭及自动调节，以实现自动化管理，实现节能环保。现在，我们以简单的感应灯现实情境——"傍晚，校园路灯点亮；清晨，校园路灯熄灭"为例，利用开源硬件，进行"基于开源硬件的感应灯开发规划"项目的探究学习活动	
	主题	基于开源硬件的感应灯开发规划	
	规划	进度安排	1. 组建团队，明确任务
			2. 查阅资料，探究实施
			3. 形成作品，开展评价
		工具与方法	1. 思维导图，"头脑风暴"
			2. 传感器与开源硬件系统及其开发环境
			3. 面向系统功能的结构化设计与实验方法
		预期成果	可视化规划报告
	探究	根据项目学习规划的安排，通过调查、案例分析、文献阅读或网上资料搜索，开展项目学习探究活动	
		探究活动	学习内容	知识技能
		基于开源硬件的感应灯开发规划	开源硬件项目开发的基本流程；创意、设计、制作、测试、运行的含义和在本流程中的地位和作用	体验基于开源硬件完成项目的基本流程，知道常用开源硬件的功能与特征
		学习基于开源硬件的感应灯开发方案设计	开源硬件项目开发的创意策划；项目选题、项目拟定、设计创意的策划	懂得基于事物特征的分析，设计基于开源硬件的作品开发方案，描述作品各组成部分及其功能作用，明确各组成部分之间的调用关系。懂得根据设计方案，选择恰当的开源硬件，搜索相关的使用说明资料，审查与优化作品设计方案
			开源硬件项目开发的方案设计；项目功能需求分析、功能组件设计、元器件选型、方案优化、制订项目开发技术方案书	
	实施	实施项目学习各项探究活动，进一步认识基于开源硬件的感应灯开发规划的重要性	
	成果	在小组开展项目范例学习过程中，利用思维导图工具梳理小组成员在"头脑风暴"活动中的观点、建立观点结构图，运用多媒体创作工具（如演示文稿、在线编辑工具等），综合加工和表达，形成项目范例可视化学习成果，并通过各种分享平台发布，共享创造、分享快乐	
	评价	根据"项目活动评价表"，对项目范例的学习过程和学习成果在小组或班级上进行交流，开展学习活动评价	
项目选题	同学们以 3~6 人组成一个小组，选择下面一个参考主题，或者自拟一个感兴趣的主题，开展项目学习	1. 基于开源硬件的危险警示灯开发规划	
		2. 基于开源硬件的温馨小夜灯开发规划	
		3. 基于开源硬件的电子琴开发规划	
项目规划	各小组根据项目选题，参照项目范例的样式，利用思维导图工具，制订相应的项目方案		
方案交流	各小组将完成的方案在全班进行展示交流，师生共同探讨、完善相应的项目方案		

表 5-19　项目范例：基于开源硬件的感应灯制作

情境		一般而言，造物从拆物开始。对于各种感受环境光线、环境声音、人体感应等信息的灯光控制系统，我们是否思考过这种灯光控制系统安装在哪里，内部结构怎样，主要由哪些元器件组成？现在，我们可以按照感应灯项目的规划和技术方案，动手制作感应灯，完整体验开源硬件项目的开发过程	
主题		基于开源硬件的感应灯制作	
规划	进度安排	1. 组建团队，明确任务	
		2. 分析制作，探究实施	
		3. 形成作品，开展评价	
	工具与方法	1. 思维导图，"头脑风暴"	
		2. 传感器与开源硬件系统及其开发环境	
		3. 开源硬件项目制作流程和测试方法	
	预期成果	可视化开发报告	
项目范例	探究	根据项目学习规划的安排，通过调查、案例分析、文献阅读或网上资料搜索，开展项目学习探究活动	
		探究活动	学习内容	知识技能
		项目作品的硬件搭建	计算机辅助设计工具软件：了解计算机辅助设计工具软件	初步学习如何根据设计方案，选择恰当的开源硬件，搜索相关的使用说明材料，审查与优化作品设计方案。了解作品制作过程中各种设备与组件的安全使用规则和方法
			电路设计与仿真：探究计算机辅助设计工具软件的操作与范例	
			硬件搭建的器材：了解常用元器件的功能和使用方法	
			硬件搭建的方法：了解各组件设备的搭建规则和方法	
			硬件搭建的测试工具：了解电路测试的工具和使用方法	
			硬件搭建的安全防护：了解硬件搭建的安全防护事项	
		项目作品的程序设计	用图形化的编程工具编程：使用图形化编程工具进行程序设计，体验和探究算法及参数的调整对组件执行的运算处理	根据设计方案，利用开源硬件的设计工具或编程语言，实现作品的各种功能模块，完成作品的制作。初步体验根据设计方案，测试、运行作品的数据采集、运算处理、数据输出、调控执行等各项功能，优化设计方案
			用文本代码编程工具编程：了解文本代码编程工具的语法规则、流程算法和功能代码语句的使用	
		项目作品的功能测试与运行	项目作品测试：知道项目作品测试的方法	
			项目作品运行：体验项目作品在真实环境运行、反馈和调控执行的情况，修改、优化和完善设计方案	

续表

项目范例	实施	实施项目学习各项探究活动，进一步体验和探究基于开源硬件的作品制作
	成果	在小组开展项目范例学习过程中，利用思维导图工具梳理小组成员在"头脑风暴"活动中的观点，建立观点结构图，运用多媒体创作工具（如演示文稿、在线编辑工具等），综合加工和表达，形成项目范例可视化学习成果，并通过各种分享平台发布，共享创造、分享快乐
	评价	根据"项目活动评价表"，对项目范例的学习过程和学习成果在小组或班级上进行交流，开展学习活动评价

项目选题	同学们以 3~6 人成一个小组，选择下面一个参考主题，或者自拟一个感兴趣的主题，开展项目学习	1. 基于开源硬件的危险警示灯制作
		2. 基于开源硬件的温馨小夜灯制作
		3. 基于开源硬件的语音控制灯制作

项目规划	各小组根据项目选题，参照项目范例的样式，利用思维导图工具，制订相应的项目方案

方案交流	各小组将完成的方案在全班进行展示交流，师生共同探讨、完善相应的项目方案

表 5-20　项目范例：基于开源硬件的教室空气质量监测仪开发

项目范例	情境	目前，全社会对环保问题都极为关注，特别是每天的空气质量更是人们经常讨论的话题之一。无论是室外还是室内，CO_2 等气体的浓度或 $PM_{2.5}$ 细颗粒物的浓度的增加，都将极大地影响人们的身体健康。因此，监测空气质量，关注室内空气质量状况，也成为普通市民包括同学们可以积极参与研究的事情。我们将利用开源硬件进行教室空气质量监测仪的实验制作，亲身体验基于开源硬件的项目开发
	主题	基于开源硬件的教室空气质量监测仪开发
	规划	进度安排：1. 组建团队，明确任务 2. 开发系统，探究实施 3. 形成作品，开展评价
		工具与方法：1. 思维导图，"头脑风暴" 2. 传感器、执行器与开源硬件及其开发环境 3. 面向系统功能的结构化设计和原型迭代方法
		预期成果：可视化开发报告
	探究	根据项目学习规划的安排，通过调查、案例分析、文献阅读和网上资料搜索，开展项目学习探究活动

探究活动	学习内容	知识技能
教室空气质量监测仪的输入组件	认识常用的几种环境检测类传感器与物理测量类传感器及其实验	了解作品制作过程中各种设备与组件，例如常用的传感器、执行器等输入输出组件的功能、特征、使用方法和安全使用规则。 基于事物特征的分析，设计基于开源硬件的作品开发方案，描述作品各组成部分及其功能作用，明确输入、输出组件与主控板等各组成部分之间的调用关系
教室空气质量监测仪的输出组件	模拟信号、数字信号及其输入输出的程序函数	
	认识常用的几种执行器与显示组件及其实验	

续表

		探究活动	学习内容	知识技能
项目范例	探究	教室空气质量监测仪的综合应用项目开发	从创意策划到测试运行，学习空气质量监测仪的设计与制作	根据设计方案，选择恰当的开源硬件，搜索相关的使用说明资料，审查与优化作品设计方案。 根据设计方案，利用相关开源硬件、相关组件，完成作品制作。根据设计方案，利用开源硬件的设计工具或编程语言，实现作品的各种功能模块。 根据设计方案，测试、运行作品的数据采集、运算处理、数据输出、调控执行等各项功能，优化设计方案
	实施	实施项目学习各项探究活动，进一步体验和探索基于开源硬件的教室空气质量监测仪开发过程		
	成果	在小组开展项目范例学习过程中，利用思维导图工具梳理小组成员在"头脑风暴"活动中的观点，建立观点结构图，运用多媒体创作工具（如演示文稿、在线编辑工具等），综合加工和表达，形成项目范例可视化学习成果，并通过各种分享平台发布，共享创造、分享快乐		
	评价	根据"项目活动评价表"，对项目范例的学习过程和学习成果在小组或班级上进行交流，开展学习活动评价		
项目选题	同学们以3~6人组成一个小组，选择下面一个参考主题，或者自拟一个感兴趣的主题，开展项目学习	1. 基于开源硬件的校园水质监测仪开发		
		2. 基于开源硬件的家庭防盗监测仪开发		
		3. 基于开源硬件的社区噪声监测仪开发		
项目规划	各小组根据项目选题，参照项目范例的样式，利用思维导图工具，制订相应的项目方案			
方案交流	各小组将完成的方案在全班进行展示交流，师生共同探讨、完善相应的项目方案			

表 5-21　项目范例：教室空气质量监测仪的开源许可证与知识分享

项目范例	情境	今天，开源硬件的学习、制作资源非常丰富，这得益于世界范围内众多创客的贡献。当我们尝试学习、制作一个项目时，可以通过网络搜索到详细的元器件资料以及一些项目的详细设计文档，可以在开源硬件社区、论坛与世界各地的创客交流创意、分享经验。这就是开源项目发展中一个典型的场景。我们应如何有效地利用知识分享渠道快速学习、推进项目，如何避免因行为不当而侵犯别人的知识产权，如何厘清知识分享与知识产权的界限？	
	主题	教室空气质量监测仪的开源许可证与知识分享	
	规划	进度安排	1. 组建团队，明确任务
			2. 查阅资料，探究实施
			3. 形成作品，开展评价
		工具与方法	1. 思维导图，"头脑风暴"
			2. 搜索引擎与互联网分享平台及工具
			3. 项目产品开源文案设计与表达方法
		预期成果	项目使用许可证与知识分享报告

续表

项目范例	探究	根据项目学习规划的安排，通过网络资料搜索、文献阅读和项目分享，开展项目学习探究活动		
^	^	探究活动	学习内容	知识技能
^	^	知识分享与开源精神	知识分享的概念；知识分享的特征。查阅相关知识分享的文献资料	理解开源与知识分享的精神
^	^	^	互联网环境中开源硬件知识分享平台。调查开源硬件知识分享平台与项目	^
^	^	开放源代码与知识产权	知识产权的概念。查阅相关知识产权文献资料	完善项目中的设计方案。理解保护知识产权的意义。践行开源与知识分享的精神
^	^	^	开放源代码中的知识产权和用于保护知识产权的常见协议。查阅相关开放源代码的引用文献，了解常见开源许可协议，在分享报告中践行	^
^	实施	实施项目学习各项探究活动，进一步理解开源的精神及知识分享与保护的重要性		
^	成果	在小组开展项目范例学习过程中，利用思维导图工具梳理小组成员在"头脑风暴"活动中的观点，建立观点结构图，运用多媒体创作工具（如演示文稿、在线编辑工具等），综合加工和表达，形成项目范例可视化学习成果，并通过各种分享平台发布，共享创造、分享快乐		
^	评价	根据"项目活动评价表"，对项目范例的学习过程和学习成果在小组或班级上进行交流，开展学习活动评价		
项目选题		同学们以3~6人组成一个小组，选择下面一个参考主题，或者自拟一个感兴趣的主题，开展项目学习	1. 校园水质监测仪开源许可证与知识分享	
^		^	2. 家庭防盗监测仪开源许可证与知识分享	
^		^	3. 社区噪声监测仪开源许可证与知识分享	
项目规划		各小组根据项目选题，参照项目范例的样式，利用思维导图工具，制订相应的项目方案		
方案交流		各小组将完成的方案在全班进行展示交流，师生共同探讨、完善相应的项目方案		

5.5.4 教科版项目学习案例

教科版共设置了16个主题学习项目，其中第2单元有9个，分别是制作交通信号灯、警报项目、制作门铃系统、制作楼道灯、制作电子色子、制作遥控风扇、制作自动变速风扇、制作防跌落小车、循线挑战赛项目；第3单元有3个，分别是水温监测项目、单摆监测项目、电压检测项目；第4单元有4个，分别是控制电路项目、模拟燃气灶项目、"怕热的小狗"项目、飞机大战坦克项目。详细内容见表5-22~表5-37。

表 5-22　项目主题一：制作交通信号灯

项目情境	交通信号灯亮的时间长短不同，我们能不能自己制作一个交通信号灯，并控制灯的亮灭规律呢？如何才能实现交通信号灯的亮灭效果呢？ 要制作一个交通信号灯，需要考虑以下问题：如何自动"变换"灯的颜色？如何控制灯亮的时间？使用何种颜色的灯？需要多少个灯？灯的控制策略如何？	
项目学习目标	1. 熟悉 Arduino 编程环境，理解数字输出与延时函数的功能 2. 能够编程控制 LED 按一定规律亮和灭 3. 通过连接 LED 和 Arduino 控制板，感悟标准化构件和接口的意义	
项目任务	1. 交通信号灯项目规划	1.1　交通信号灯项目调研
		1.2　人行横道交通信号灯的可选方案分析与设计
	2. 人行横道交通信号灯的实现	2.1　人行横道交通信号灯的硬件搭建
		2.2　人行横道交通信号灯的程序编写
	3. 人行横道交通信号灯的测试与优化	3.1　使用延时函数
		3.2　进一步测试与修改人行横道交通信号灯

表 5-23　项目主题二：警报项目

项目情境	警车上的警灯不断闪烁，同时还伴有响亮的警报声，以便提醒路人避让。我们也可以利用上节课的知识做出警灯闪烁的效果。可是，警报声音效果该怎么实现呢？ 要模拟警报，需要考虑使用什么硬件来发出声音，以及如何发出并改变声音	
项目学习目标	1. 掌握蜂鸣器的使用方法，理解模拟输出的含义与作用 2. 能够利用 tone( ) 函数实现声音信号的模拟输出 3. 能够正确使用变量和 for 语句模拟声音的渐变效果，从而理解程序的循环执行思想 4. 在实现声音渐变效果的过程中，体会迭代、测试与调试思想	
项目任务	1. 警报项目规划	1.1　警报项目调研
		1.2　警报的可选方案分析与设计
	2. 警报的实现	2.1　警报的硬件搭建
		2.2　警报的程序编写
	3. 警报的测试与优化	3.1　实现声音渐变效果
		3.2　进一步测试与修改警报

表 5-24　项目主题三：制作门铃系统

项目情境	阿丢放学后回家，来到家门前按下门铃，妈妈笑着给他开了门。进入家门后，阿丢的妈妈说道："每次听到门铃声我都会吓一跳，如果能让我自己设计门铃的声音就好了！"受到妈妈的启发，阿丢决定制作一款智能门铃，你能帮他实现吗？ 要制作门铃系统，需要考虑使用哪种触发设备和声音播放元件，以及如何设置铃声并控制其播放。
项目学习目标	1. 掌握按钮的使用，理解数字输入的含义与作用，掌握随机函数的使用 2. 能够利用按钮控制蜂鸣器 3. 在利用选择结构控制系统执行的过程中，体会程序设计中的分类思想

续表

项目任务	1. 门铃系统项目规划	1.1 门铃系统项目调研
		1.2 门铃系统的可选方案分析与设计
	2. 门铃系统的实现	2.1 门铃系统的硬件搭建
		2.2 门铃系统的程序编写
	3. 门铃系统的测试与优化	3.1 使用随机函数实现铃声的随机播放
		3.2 包装铃声系统
		3.3 进一步测试与修改门铃系统

表 5-25　项目主题四：制作楼道灯项目

项目情境	很多楼道灯都可以用声音或光线控制亮灭。同学们可以想一想，能不能利用所学的知识自己制作一个智能楼道灯呢？ 要制作一个这样的楼道灯，有以下问题需要思考：如何自动"得知"何时需要亮灯？亮灯时间为多久？使用何种传感器？控制策略如何？
项目学习目标	1. 掌握光线传感器和声音传感器的使用方法，理解模拟输入的含义与作用 2. 能够编程控制光线传感器和声音传感器实现声光检测功能 3. 能够正确使用嵌套选择结构 4. 能够利用串口输出方法测试与调试程序

项目任务	1. 楼道灯项目规划	1.1 楼道灯项目调研
		1.2 楼道灯的可选方案分析与设计
	2. 楼道灯的实现	2.1 楼道灯的硬件搭建
		2.2 楼道灯的程序编写
	3. 楼道灯的测试与优化	3.1 提高楼道灯的实用性
		3.2 进一步测试与修改楼道灯

表 5-26　项目主题五：制作电子色子项目

项目情境	微信表情中的色子非常有趣，我们能否利用开源硬件也制作一个电子色子呢？要制作智能电子色子，要考虑两个问题：使用哪种显像设备和触发装置？如何呈现变化中的数字？
项目学习目标	1. 了解数码管的显像原理并掌握其使用方法 2. 能够利用振动传感器控制数码管 3. 能够正确使用 while 循环结构，体会程序设计中的条件循环思想 4. 能够正确定义与调用子程序，理解子程序的软件复用和结构化程序设计思想

项目任务	1. 电子色子项目规划	1.1 随机事件调研
		1.2 电子色子的可选方案分析与设计
	2. 电子色子的实现	2.1 电子色子的硬件搭建
		2.2 电子色子的程序编写
	3. 电子色子的测试与优化	3.1 编写子程序
		3.2 进一步测试与修改电子色子

表 5-27　项目主题六：制作遥控风扇

项目情境	风扇通常是通过按键来控制风速的，有没有更方便的方法来控制风扇呢？要制作一个不用接触即可换挡的风扇，需要考虑采用遥控的方法替换原来的换挡方式，并使不同的遥控信号与风扇的换挡状态建立对应关系。	
项目学习目标	1. 了解红外遥控原理	
	2. 掌握字符串的使用方法和键值的解码方法	
	3. 掌握电机的接线方法，能够利用 PWM 方式驱动电机	
	4. 能够利用红外遥控套件实现远程控制	
项目任务	1. 遥控风扇项目规划	1.1　遥控风扇项目调研
		1.2　遥控风扇的可选方案分析与设计
	2. 遥控风扇的实现	2.1　遥控风扇的硬件搭建
		2.2　遥控风扇的程序编写
	3. 遥控风扇的测试与优化	3.1　遥控换挡
		3.2　进一步测试与修改遥控风扇

表 5-28　项目主题七：制作自动变速风扇

项目情境	制作完遥控风扇后，我们还可以从智能家居的角度进一步改进风扇，使它具备自动变速功能。根据前面几节课的学习，要实现自动变速就要考虑两个问题：使用哪种传感器？如何控制风速？	
项目学习目标	1. 掌握超声波传感器的使用方法，了解其测距原理	
	2. 能够利用超声波传感器实现对智能装置的自动控制功能	
	3. 能够正确使用映射函数，并理解不同数据集之间的等比例转换思想	
	4. 在利用子程序优化程序结构的过程中，体会软件复用和结构化程序设计思想	
项目任务	1. 自动变速风扇项目规划	1.1　自动变速风扇项目调研
		1.2　自动变速风扇的可选方案分析与设计
	2. 自动变速风扇的实现	2.1　自动变速风扇的硬件搭建
		2.2　自动变速风扇的程序编写
	3. 自动变速风扇的测试与优化	3.1　使用映射函数与编写子程序
		3.2　进一步测试与修改自动变速风扇

表 5-29　项目主题八：制作防跌落小车

项目情境	本节课要制作一台智能小车，使其不仅能够稳定行驶，还能够在遇到塌方、悬崖等路况时防止跌落。要制作具备防跌落功能的小车，需要考虑使用几个电机驱动小车以及使用何种传感器探测路况
项目学习目标	1. 了解双轮驱动方式，理解双轮差速原理，掌握防跌落传感器的使用
	2. 能够使用防跌落传感器实现小车的防跌落功能，感受从简易小车到智能小车的迭代过程
	3. 能够使用逻辑运算符表示条件语句的逻辑关系，以优化程序结构

续表

项目任务	1. 防跌落小车项目规划	1.1 防跌落小车项目调研
		1.2 防跌落小车的可选方案分析与设计
	2. 防跌落小车的实现	2.1 防跌落小车的硬件搭建
		2.2 防跌落小车的程序编写
	3. 防跌落小车的测试与优化	3.1 编辑条件语句的逻辑关系
		3.2 进一步测试与修改防跌落小车

表 5-30　项目主题九：循线挑战赛项目

项目情境	学会驱动小车后，同学们可以进行小车竞速比赛了。例如，可以规划出一条路线，约定能沿着路线最先到达终点的小车即获胜。为赢得比赛，就要找到有效的循线方法。 要完成循线挑战赛，首先要考虑如何自动"得知"路线的变化以及如何根据路线的变化改变行驶方向
项目学习目标	1. 掌握循线传感器的使用，了解其工作原理 2. 能够根据比赛场地需求，选择合适的循线策略 3. 能够利用循线传感器完成循线挑战赛，通过测试与调试不断优化循线效果

项目任务	1. 循线挑战赛项目规划	1.1 循线挑战赛项目调研
		1.2 循线挑战赛的可选方案分析与设计
	2. 循线挑战赛的实现	2.1 循线挑战赛的硬件搭建
		2.2 循线挑战赛的程序编写
	3. 循线挑战赛的测试与优化	3.1 弯道循线策略
		3.2 进一步测试与修改循线程序

表 5-31　项目主题十：水温监测项目

项目情境	很多同学都会带水杯来上课，谁的杯子保温效果更好呢？可以通过实验探究不同杯子的保温效果。 要探究不同杯子的保温效果，首先要思考以下问题：如何才能"得知"不同杯子中的水温变化情况？探究过程如何设计？如何收集和分析数据？
项目学习目标	1. 掌握防水温度传感器的使用方法 2. 能够搭建物理装置监控水温变化，并运用于科学探究 3. 了解科学探究的一般过程和方法

项目任务	1. 形成实验假设与设计实验	1.1 不同杯子的保温效果调研及实验假设
		1.2 不同杯子的保温效果探究实验设计
	2. 进行实验探究与收集数据	2.1 探究不同杯子的保温效果的硬件搭建
		2.2 探究不同杯子的保温效果的程序编写
		2.3 探究不同杯子的保温效果的数据收集
	3. 分析实验数据与得出结论	不同杯子的保温效果数据分析与结论

表 5-32　项目主题十一：单摆监测项目

项目情境	不同长度的钟摆来回摆一次的时间相同吗？如果它们的周期相同，有没有其他因素会影响钟摆的摆动周期呢？我们可以设计实验来解答上述问题。 钟摆属于单摆的一种，上述问题实际上就是要探究单摆的振动周期。那么，单摆的振动周期可能与哪些因素有关？如何自动获取单摆振动次数及时间？探究过程如何设计？如何收集和分析数据？		
项目学习目标	1. 掌握红外避障传感器的使用方法		
	2. 能够自主设计验证单摆周期的实验方案，并搭建实验装置		
	3. 能够编程收集实验数据，完成探究实验，体验科学探究的一般过程		
项目任务	1. 形成实验假设与设计实验	1.1	单摆周期实验的假设
		1.2	探究单摆周期的实验设计
	2. 进行实验探究与收集数据	2.1	探究单摆周期的硬件搭建
		2.2	探究单摆周期的程序编写
		2.3	探究单摆周期的数据收集
	3. 分析实验数据得出结论		探究单摆周期数据分析与结论

表 5-33　项目主题十二：电压检测项目

项目情境	化学课上，老师曾讲过水果电池。那么，水果的导电性与什么因素有关呢？我们可以利用开源硬件进行探究，从而得出相关结论。 要制作水果电池，需要考虑以下问题：如何使水果产生电能？使用何种方式测得其导电性？如何控制干扰变量以科学比较不同水果的导电性？		
项目学习目标	1. 掌握电压检测模块的使用方法，能够用串口输出电压值		
	2. 了解水果电池的基本组成和原理		
	3. 通过探究活动，体验多学科知识的综合应用和科学探究方法		
项目任务	1. 形成实验假设与设计实验	1.1	水果导电性影响因素调研
		1.2	水果电池的可选方案分析与设计
	2. 进行实验探究与收集数据	2.1	水果电池电压检测的硬件搭建
		2.2	水果电池电路设计
		2.3	编写程序获取电压值
		2.4	收集数据
	3. 分析实验数据得出结论		分析数据并得出结论

表 5-34　项目主题十三：控制电路项目

| 项目情境 | 物理课上，老师组装实物电路，向同学们演示电路中各电子元件的关系。学习了前面的课程后，我们也可以利用按钮和 LED 灯模拟电路中的开关效果。
要模拟电路的开关效果，需要思考在 S4A 界面中如何表现电路的断开与闭合、如何获取控制信息并切换电路的状态。要解决这些问题，需要完成以下三个任务：控制电路项目规划、控制电路的实现、控制电路的测试与优化 |

续表

项目学习目标	1. 了解 S4A 的界面结构及其功能，掌握 S4A 与 Arduino 控制板通信的方法，以及查看、读取传感器输入值的方法	
	2. 掌握造型切换和按钮消抖的方法，感受图形化编程环境的便捷性	
	3. 能够结合按钮模拟电路的控制效果，感受联机作品的交互特性	
项目任务	1. 控制电路项目规划	1.1 控制电路项目调研
		1.2 控制电路的可选方案分析与设计
	2. 控制电路的实现	2.1 控制电路的硬件搭建
		2.2 设计角色及造型
		2.3 控制电路的程序编写
	3. 控制电路的测试与优化	3.1 按钮消抖
		3.2 进一步测试与修改控制电路项目

表 5-35 项目主题十四：模拟燃气灶项目

项目情境	家里刚刚换了新的燃气灶，妈妈一边看说明书一边操作新燃气灶。那么，能不能利用 S4A 模拟燃气灶的控制过程呢？这样就能在不接触实物的情况下安全地教授其他人如何使用燃气灶了。 要模拟燃气灶，需要考虑选择何种传感器"触发"燃气灶的点火、使用何种传感器调节燃气灶火力的大小，以及如何进行 S4A 端的角色设置	
项目学习目标	1. 了解角色显示与隐藏的方法，了解特效模块和声音模块的使用方法	
	2. 掌握火焰传感器和模拟角度传感器的使用方法，并能够利用它们控制舞台中的角色	
	3. 掌握广播模块的使用方法，体会"广播与接收"（事件监听机制）这一面向对象编程的思想方法	
项目任务	1. 模拟燃气灶项目规划	1.1 模拟燃气灶项目调研
		1.2 模拟燃气灶的可选方案分析与设计
	2. 模拟燃气灶的实现	2.1 模拟燃气灶的硬件搭建
		2.2 设置角色及造型
		2.3 模拟燃气灶的程序编写
	3. 模拟燃气灶的测试与优化	3.1 添加打火声音
		3.2 进一步测试与修改燃气灶作品

表 5-36 项目主题十五："怕热的小狗"项目

项目情境	今天天气突然升温，妈妈打开了家里的风扇，正在看书的阿丢抬头一看，原本趴在沙发上睡觉的小狗走到风扇前又趴下睡着了。他觉得小狗的这一举动非常可爱，便突发奇想：能否用 S4A 呈现这个生活趣事呢？ 要呈现这个故事，需要考虑以下几个问题：选择何种传感器检测环境温度？如何获取小狗与风扇的相对位置并实现小狗向风扇的移动？
项目学习目标	1. 掌握 S4A 中停止脚本运行的方法，掌握文本框显示的方法
	2. 掌握温度传感器的使用方法，并能够利用它控制舞台中的角色
	3. 掌握坐标定位的方法，能够利用坐标控制角色的移动

续表

项目任务	1. "怕热的小狗"项目规划	1.1	"怕热的小狗"项目调研
		1.2	"怕热的小狗"可选方案分析与设计
	2. "怕热的小狗"的实现	2.1	"怕热的小狗"的硬件搭建
		2.2	设置角色及造型
		2.3	给"怕热的小狗"编写程序
	3. "怕热的小狗"的测试与优化	3.1	停止执行脚本
		3.2	表现小狗的内心活动

表 5-37 项目主题十六：飞机坦克大战项目

项目情境	通过本学期的学习，我们不仅能够使用开源硬件模拟生活中的科技产品、进行探究实验等，还能制作趣味性的产品说明、数字故事等。为了检验自己的学习成果，本节课将要制作一款趣味性强的交互游戏：利用 S4A 模拟战争场景来开发一款"飞机坦克大战"游戏。 要模拟飞机坦克大战，需要考虑如何控制飞机和坦克的移动、如何进行 S4A 端的角色设置、如何"触发"飞机和坦克发射炮弹、如何判断飞机或坦克被击中，以及如何获取被击中的飞机或坦克数量
项目学习目标	1. 掌握变量和随机数模块的使用方法，能够用程序控制角色的朝向 2. 掌握摇杆的使用方法，并能够利用它控制舞台中的角色 3. 掌握侦测模块的使用方法，体会侦测背后的事件监听机制

项目任务	1. 飞机坦克大战项目规划	1.1	飞机坦克大战项目调研
		1.2	飞机坦克大战的可选方案分析与设计
	2. 飞机坦克大战的实现	2.1	飞机坦克大战的硬件搭建
		2.2	设置角色及造型
		2.3	飞机坦克大战的程序编写
	3. 飞机坦克大战的测试与优化	3.1	随机发射飞机炸弹
		3.2	进一步测试与修改飞机坦克大战作品

5.5.5 浙教版项目学习案例

浙教版剖析五个典型的开源硬件项目作品，第一章中有 4 个项目。RepRap 项目，介绍了 3D 打印机的发展，强调开源项目的不断更新和迭代；OpenPilot 项目，突出了无人机的快速发展得益于开源的思想；Tabby 项目，介绍了 DIY 汽车；HCR 项目，用于介绍开源智能移动机器人，强调开源硬件与项目打破了价格壁垒，让更多的爱好者进入这个领域。通过对四个案例的剖析，展示开源硬件应用的多样性，并说明开源的价值。第二章详细剖析了"智能鸟蛋"项目，从项目由来到分析论证到具体实施，呈现开源硬件项目从创意诞生到实物实现的全过程，引出项目开发的过程与方法。

浙教版共设置了三个主题学习项目，都位于第四章——开源硬件项目的开发与实践，分别是人机互动项目、多机通信项目和基于物联网的项目。具体内容见表 5-38~ 表 5-40。

表 5-38　项目主题：人机互动的项目开发

项目情境	用户在演讲的时候，有时为控制 PPT 翻页而跑到计算机前操作键盘，这样容易打断演讲者的思路，而小巧的 PPT 翻页笔有效解决了这个问题。PPT 翻页笔是人机互动项目中最常见的一种产品。PPT 翻页笔一般只能控制 PPT 的播放，功能十分有限。如果这支翻页笔的按键可以自定义，那么不仅可以控制 PPT 播放，还可以控制视频的播放，甚至可以玩一些简单的桌面游戏。这就是电脑魔法控制器项目的开发背景，即做一款能够灵活控制计算机里各种应用软件的手持设备
项目流程	1. 分析电脑魔法棒控制器的功能特点 2. 分析电脑魔法棒控制器的硬件组成 3. 进行软件设计，包括接收器、控制器和应用程序三个模块，接收器将控制器的按键信息通过串口发送给计算机，用控制器的 a、b 按键远程控制计算机 PPT 的播放

表 5-39　项目主题：多机通信的项目开发

项目情境	在上课过程中，教师常常会设计课堂练习来巩固某一知识点，根据学生答题情况了解学生的掌握情况。有些学校通过在课堂上使用计算机和手机之类的智能终端，向教师及时反馈练习的结果。目前，平板电脑价格较为昂贵，对许多学校来说还无法普及。我们可以利用开源硬件开发一个课堂答题器，用低成本的方式实现课堂练习的实时反馈
项目流程	1. 分析"课堂答题器"的功能特点 2. 进行项目规划 3. 分析"课堂答题器"的硬件组成 4. 进行软件设计，实现多终端区分的重要功能，包括答题终端、接收机、数据存储、数据呈现等部分

表 5-40　项目主题：基于物联网的项目开发

项目情境	市场上有出售智能花盆或智能盆栽等产品，这些产品大多可以通过网络获取花盆的环境信息，并对植物进行远程管理。 智能花盆产品自带的花盆一般都很小，不能种植体积较大的植物。利用开源硬件，结合土壤湿度传感器和光线传感器等传感器，将家庭中常见的盆栽改造成智能"盆栽伴侣"，是一项有意思的工作
项目流程	1. 分析"盆栽伴侣"的功能特点 2. 进行项目规划 3. 分析"盆栽伴侣"的硬件组成 4. 进行软件设计，包括智能端和 Web 服务端两个模块，实现在 Web 页面实时显示温度、光线、土壤湿度的值，并根据这些值控制继电器模块的功能

5.5.6　华东师大版项目学习案例

华东师大版剖析了一个典型的开源硬件项目作品，即烟雾报警器，属于信息处理系统案例，以此展开开源硬件的用途。

华东师大版共设置了四个项目主题，一章一个，分别是初探智能水杯、打造机器伙伴、开发运动助手和搭建无人小车。具体内容见表 5-41~ 表 5-44。

表 5-41　项目主题：初探智能水杯

项目情境	开源硬件为我们提供了一个全新的、可以不断进行创造的学习空间，生活中很多产品都可以使用开源硬件设计制作。从不起眼的烟雾报警器，到炫酷的呼吸灯，再到造型新颖独特的智能水杯，人们不断创造新的产品，让生活、工作和学习更便捷。 我们每天需要补充充足的水分，饮水不足会引发很多健康隐患，然而我们在忙碌的学习工作中常常忘记喝水。设想这样一个按时提醒饮水的智能水杯：早上起来洗漱完毕后，智能水杯提醒饮水，并显示水量和水温，饮水完毕，自动补水，间隔一段时间再次提醒饮水……如果将这样的智能水杯制作出来，我们就能很大程度上避免饮水不足的问题。如何运用开源软硬件实现智能水杯的提醒功能和显示功能？对于一些特殊人群，比如老人，智能水杯又该如何设计以满足他们的需求？
项目流程	1. 围绕智能水杯的制作，学习开源硬件系统编程调试方法和开源硬件项目设计流程 2. 完成智能水杯设计方案
项目任务	1. 分析常见的信息处理系统中的信息流向，从信息处理过程的角度，完成智能水杯的结构描述 2. 探索典型的开源硬件组成结构和开发环境，选择合适的控制器及开发环境来设计智能水杯的电子控制系统 3. 按照开源硬件项目的开发流程，完成智能水杯的项目设计

表 5-42　项目主题：打造机器伙伴

项目情境	如今，越来越多的机器装置正在以一种类似"机器人"的形态与我们的学习、工作、生活和娱乐紧密关联，"机器人"一词最早出现在 20 世纪初的一本科幻小说中，但机器人并非是在外形上与人类相似的机器装置，事实上科学家们认为"机器人是一种自动化的机器，能够依靠自身的动力和控制能力完成某种任务。" 机器人就像人类的"伙伴"一样为人类提供特定的服务，它获取输入数据，执行特定的输出，复杂的机器装置能代替人进行部分体力和脑力劳动。在学习和生活中，我们常遇到一些小烦恼，比如：夜间需要开灯时，发现开关离得太远；学习时，发现自己始终无法集中注意力，学习效率不高；晚上沿路跑步时，路上的车辆太多，存在一定的安全隐患。那么，怎样利用开源硬件设计机器伙伴帮助我们解决这些实际问题呢？机器伙伴是如何获得输入信息，如何处理信息以及如何完成特定输出的呢？
项目流程	1. 在分析上述问题的基础上，选择合适的开源硬件器材 2. 设计制作自己的机器伙伴 3. 编写程序并进行调试 4. 在小组内展示、分享自己的作品
项目任务	1. 设计一个感应机器伙伴，使之能够感应到你的存在，并在特定情境下作出反应 2. 设计一个定时提醒机器伙伴，使之能够自动地帮助我们更好地规划时间 3. 设计一个安全机器伙伴，使之能够发出个性化的醒目灯光，在夜晚提醒过往车辆

表 5-43　项目主题：开发运动助手

项目情境	随着开源硬件的发展和各种传感器的应用，大大小小的开源系统广泛存在于我们生活的方方面面，它们作为我们的生活助手，给我们提供帮助，提升我们的生活质量。 运动是保持健康的重要方法，但有时会遇到一些问题，比如：我们看不到自己的运动数据，难以判断是否达成预定的运动目标；跑步时不知道自己的准确位置，难以判断运动路程。运动过程中如果身体不适难以提前预警，等等。那么怎样利用开源硬件帮助我们解决这些实际问题呢？这些开源硬件和模块之间是如何通过连接和信息交互，充分发挥各部分的作用，组成一个能实现特定功能的系统的呢？

	续表
项目流程	1. 在分析需求的基础上，小组合作设计运动助手方案作品 2. 运用有线及无线通信，并采用蓝牙、Wi-Fi 等通信模块，制作相关产品来解决问题，可通过连接更多设备实现万物互联的设计目标
项目任务	1. 开发一个具有定位功能的运动助手，将北斗定位模块与微控器模块连接，实现位置信息的获取 2. 开发一个具有显示功能的运动助手，将显示模块与开源微控制器模块连接，实现基本信息显示的功能 3. 开发一个具有搜寻功能的运动助手，使用智能手机向连接有蓝牙模块的物件发送信息，通过智能手机实现发声和发光等功能

表 5-44 项目主题：搭建无人小车

项目情境	随着开源硬件的日益普及，开源硬件作品的制作渐渐地从原来的简单小系统向更为复杂的系统发展，从单个独立系统向多个系统相互配合的更高级系统的方向发展。电子技术、智能控制和人工智能等技术快速发展，使得越来越多的先进技术被运用在汽车领域，自动驾驶汽车能够辅助驾驶员驾驶车辆，甚至实现自主驾驶。 从物流小车到货运重卡，自动驾驶汽车将被应用在更广泛、更复杂的场景中，从而实现新兴的智能交通，构建起新型的未来城市。也许某一天，当你去取快递的时候，看到送快递的是一辆自动驾驶送货小车，或者，你在打开出租车门的时候，发现车上并没有司机……自动驾驶是一个非常复杂的问题，需要环境感知、行为决策、路径规划和运动控制等技术的综合运用。如何制作一个能在限定场景条件下自动驾驶的无人小车？如何模拟无人小车的驾驶环境？如何实现小车的运动控制和图像识别功能？
项目流程	1. 首先通过设计一个较为简单的基于 Arduino 的遥控小车完成初步的作品制作，体验开源硬件项目设计的流程和方法 2. 在此基础上，用仿真道路模拟遥控小车的驾驶环境，为遥控小车增加一个专门用于道路识别和标识检测的基于树莓派的模块，实现双机通信 3. 完成制作后通过开源社区分享作品
项目任务	1. 制作需求列表、功能列表、外观模型，依次完成基于开源硬件的无人小车的需求分析、功能分析、外观设计 2. 利用开源硬件 Arduino 完成小车的组装，进而实现小车的前进、后退、转弯等运动控制功能；用树莓派实现图像识别功能，进而实现智能控制 3. 整理、归档无人小车项目中的各类文件，按照规范将项目发布至开源社区

5.6 实验案例与器材清单

对于教学而言，必要的基础设施、基本设备是课程实施的物质基础，2017 年版《普通高中信息技术课程标准》明确指出：要设立能满足各模块教学需要的信息技术教室和信息技术实验室，配备数量合理、配置适当的计算机和相应的实验设备，并配备满足各模块教学需要的软件及网络设施。配置满足模块 6《开源硬件项目设计》的信息技术实验室，需以开源硬件为基础，传播开源文化、践行开源精神、共建开源社区、共享开源成果。实验室建设融合编程、创客、人工智能、物联网等教学装备需求,提供技术多样、资源丰富的数字化环境,满足多样化的教学需求。

人教中图版主选掌控板、掌控点与虚谷号,另外介绍了 Arduino UNO 与 Raspberry Pi 3,教学内容介绍了 ESP8266 Wi-Fi 通信模块,项目案例剖析的"智能鸟蛋"用到了 Microduino。

沪科教版主选了 Arduino UNO,另外介绍了 Arduino Serial、Arduino Pro Mini、Arduino Mega2560、Raspberry Pi、micro:bit、NodeMCU-ESP8266 和开源小车。

粤教主选了 Arduino UNO,扩展阅读部分介绍了 micro:bit 和树莓派。

浙教主选了 micro:bit,定制了 BXY 编程软件,另外介绍了 Arduino 与 Raspberry Pi,浙教版后来把所有案例都移植到了掌控版上;拓展阅读介绍了 Microduino、RFduino、BLEduino、DigisparkAttiny85 等;项目案例剖析的"智能鸟蛋"用到了 Microduino;项目介绍了开源小车和 ESP8266 Wi-Fi 模块。

教科版主选了定制版 Arduino,继承了电机驱动;另外介绍了树莓派、BeagleBoard、IntelEdison(已停产)和 micro:bit,引导学生比较了 Arduino UNO、Leonardo、Mega 2560 和 LilyPad 的区别,项目任务安排了开源小车。

华东师大版主选了 Arduino UNO 与 Raspberry Pi 结合(相当于虚谷号的定位),项目案例中使用了 Arduino Nano,项目实现了开源小车。

5.6.1 人教中图版实验与器材

人教中图版共安排了 23 个"实践活动",如表 5-45 所示,基本上是按照实验项目来设计的,有一部分适合课堂演示实验,有一部分适合快速验证实验,还有一部分需要专门的实验室环境。

表 5-45 人教中图版"实践活动"汇总表

编 号	名 称	器 材 清 单
实践活动 1	体验开源硬件上的 Linux 操作系统	虚谷号、键盘、鼠标、电源、显示器
实践活动 2	LED 灯闪一闪	虚谷号、键盘、鼠标、电源、显示器
实践活动 3	安装 B 型板的驱动并下载示例程序	掌控板、USB 数据线
实践活动 4	以 U 盘形式向 V 型板下载程序	虚谷号、USB 数据线

续表

编　号	名　称	器　材　清　单
实践活动 5	闪亮的广州塔	虚谷号、虚谷号扩展板、发光二极管模块 ×5、USB 数据线、连接线若干
实践活动 6	数字骰子	掌控点、USB 数据线
实践活动 7	绘制矢量图形	Inkscape 图形编辑制作软件
实践活动 8	SOS 求救信号灯	掌控点、掌控板、LED 模块 ×2、连接线若干
实践活动 9	改变 LED 灯闪烁的频率	虚谷号、USB 数据线、LED 灯模块、旋钮模块、连接线若干
实践活动 10	测试红外避障传感器	虚谷号、红外避障传感器、USB 数据线、连接线若干
实践活动 11	测试旋钮	虚谷号、旋钮、USB 数据线、连接线若干
实践活动 12	编程实现舵机控制	虚谷号、舵机、USB 数据线、连接线若干
实践活动 13	I^2C 接口温度/湿度计	掌控板、I^2C 接口温湿度传感器模块、温度传感器、湿度传感器、USB 数据线、连接线若干
实践活动 14	智能小车测试	虚谷号/掌控点/掌控板及配套扩展版、大功率驱动模块、电机扩展板、减速电机、小车底盘
实践活动 15	打印实体 3D 模型	Blender/OpensCAD 三维建模软件（STL 文件格式）、3D 打印机
实践活动 16	趣味叫醒装置	掌控板 ×2、USB 数据线
实践活动 17	制作项目作品外观	Inkscape 平面设计工具、Blender/OpensCAD 三维建模软件、3D 打印机/激光切割机
实践活动 18	数据采集	掌控板、USB 数据线
实践活动 19	采集网络数据	网络环境
实践活动 20	数据输出功能实现	掌控板、USB 数据线
实践活动 21	完成小组项目的运算处理流程	流程图软件
实践活动 22	搭建小组模拟测试环境	万用表、示波器、照度计
实践活动 23	项目测试计划及实施	计时器、照度计

5.6.2　沪科教版实验与器材

沪科教版把实验穿插在六个项目实践里，如表 5-46 所示，既实现了实验目标，又巧妙地把实验所需的技能应用在项目实践中。

表 5-46　沪科教版"项目实践"汇总表

编号	名　称	器 材 清 单
实验 1	探究开源硬件作品	Arduino
实验 2	设计制作交通信号灯	Arduino、面包板、红色 LED 灯 ×1、绿色 LED×1、杜邦线若干、USB 数据线
实验 3	设计制作低头报警器	Arduino、USB 数据线、有源蜂鸣器元件、超声波测距模块、MP3 播放模块、杜邦线若干、面包板
实验 4	设计制作自行车里程仪	Arduino、霍尔传感器、LCD1602 显示屏、磁铁、杜邦线若干、面包板
实验 5	设计制作智能园艺装置发射端	Arduino、土地湿度传感器、温度传感器、433 无线传输模块、LCD1602 显示屏、杜邦线若干、面包板、电池、USB 数据线
实验 5	设计制作智能园艺装置接收端	Arduino、433 无线传输模块、LCD1602 显示屏、杜邦线若干、面包板、USB 数据线
实验 6	设计制作无人船模型遥控装置	遥控杆 ×2、Arduino、433 无线传输模块、杜邦线若干、面包板、USB 数据线
实验 6	设计制作无人船模型运动装置	Arduino、433 无线传输模块、电机驱动模块、舵机、电池、变压模块、杜邦线若干、USB 数据线、空心杯电机

5.6.3　粤教版实验与器材

粤教版共设置了 13 个实验，内容与教学目标要求非常清晰，如表 5-47 所示，涵盖所有的开源硬件项目设计所需的知识和技能，又有一部分实验内容与项目式学习之间的穿插。

表 5-47　粤教版实验记录表

编号	名　称	器 材 清 单
实验 1	点亮板载 LED	Arduino×1、USB 连接线 ×1
实验 2	闪烁外接 LED	LED×1、Arduino×1、USB 连接线 ×1、220Ω 电阻 ×1、面包板 ×1
实验 3	模拟驼峰信号机绿色信号灯	绿色 LED×1、Arduino×1、USB 连接线 ×1、220Ω 电阻 ×1
实验 4	模拟充电宝指示灯	红色 LED×5、Arduino×1、USB 连接线 ×1、220Ω 电阻 ×5、面包板 ×1
实验 5	灯光信号设计控制与应用	RGB 全彩灯（共阴）×4、Arduino×1、USB 连接线 ×1、220Ω 电阻 ×12、面包板 ×1
实验 6	对比感应方式不同的传感器	超声波测距传感器 ×1、人体红外传感器 ×1、LED×1、Arduino×1、USB 连接线 ×1、220Ω 电阻 ×1、10kΩ 电阻 ×1、光敏电阻 ×1、面包板 ×1、杜邦线若干
实验 7	串口控制开关板载 LED	Arduino×1、USB 连接线 ×1
实验 8	温湿度传感器的使用	Arduino×1、USB 连接线 ×1、面包板 ×1、DHT11 温湿度传感器 ×1、杜邦线若干
实验 9	获取加速度传感器数值	Arduino×1、USB 连接线 ×1、加速度传感器 ×1、杜邦线若干

续表

编号	名称	器材清单
实验 10	舵机的使用与转动控制	Arduino×1、USB 连接线 ×1、舵机 ×1、杜邦线若干
实验 11	点亮 8×8LED 点阵屏矩阵	Arduino×1、USB 连接线 ×1、8×8LED×1、杜邦线若干
实验 12	感应灯项目	人体红外感应模块：HC-SR501×1、LED×1、Arduino×1、USB 连接线 ×1、220Ω 电阻 ×1、10kΩ 电阻 ×1、光敏电阻 ×1、面包板 ×1、杜邦线若干
实验 13	教室空气质量监测仪项目	Arduino×1、USB 连接线 ×1、220Ω 电阻 ×3、10kΩ 电阻 ×1、150Ω 电阻 ×1、红外灰尘传感器 ×1、温湿度传感器 ×1、液晶显示屏 ×1、面包板 ×1、全解电容 ×1、全彩灯 ×1

5.6.4 教科版实验与器材

教科版把知识的讲解分解、细化到具体的小制作项目中，具有明显的电子制作的特征，把 Arduino 制作划分为实验模拟型、科学探究型和趣味交互型三个类型，共编排了 16 个活动，如表 5-48 所示。

表 5-48　教科版实验活动汇总表

编号	名称	器材清单
活动 1	制作交通信号灯	Arduino、USB 连接线、红色 LED、绿色 LED
活动 2	制作警报项目	Arduino、USB 连接线、带功放的蜂鸣器
活动 3	制作门铃系统	Arduino、USB 连接线、按钮、蜂鸣器
活动 4	制作楼道灯项目	Arduino、USB 连接线、黄色 LED、声音传感器、光线传感器
活动 5	制作电子色子项目	Arduino、USB 连接线、振动传感器、数码管
活动 6	制作遥控风扇	Arduino、USB 连接线、红外遥控套件、直流电机、风扇
活动 7	制作自动变速风扇	Arduino、USB 连接线、HC-SR04 超声波传感器、直流电机、风扇
活动 8	制作防跌落小车	Arduino、USB 连接线、小车、外接电池、防跌落传感器
活动 9	制作循线挑战赛项目	Arduino、USB 连接线、循线传感器、直流电机、小车
活动 10	水温监测项目	Arduino、USB 连接线、防水温度传感器 ×2、转接器 ×2、陶瓷杯、塑料杯、纸杯 ×2、70℃的水、秒表、记录表
活动 11	单摆监测项目	Arduino、USB 连接线、红外数字避障传感器、单摆支架、长为 50cm 的摆线、三个质量不同的小球、量角器、量尺
活动 12	电压检测项目	Arduino、USB 连接线、电压检测模块、铜锌电池、带鳄鱼夹导线、水果
活动 13	控制电路项目	Arduino、USB 连接线、按钮
活动 14	模拟燃气灶项目	Arduino、USB 连接线、火焰传感器、模拟角度传感器
活动 15	"怕热的小狗"项目	Arduino、USB 连接线、温度传感器
活动 16	飞机坦克大战项目	Arduino、USB 连接线、摇杆

5.6.5 浙教版实验与器材

浙教版学科实验以三种形式出现,"实践与体验"项目有 10 个,适合随堂实践与体验,项目一般都比较小;"示教案例"出现了 1 个,属于教师演示型实验;具有典型实验性质的"例"出现了 11 个,具有清晰的实验目标、实验器材、实验步骤;三种形式互为补充。整体安排如表 5-49 所示。

表 5-49 浙教版"实践与体验""示例案例"汇总表

项目与编号	名 称	器 材 清 单
实践与体验 1	加载第一个程序	micro:bit×1、USB 数据线 ×1
示教案例 1	基本输入与输出	micro:bit×1、USB 数据线 ×1
例 1	闪烁的小星星	micro:bit×1、USB 数据线 ×1、LED 发光二极管 ×1
例 2	触动的星星	micro:bit×1、USB 数据线 ×1、LED 发光二极管 ×1、鳄鱼夹连接线 ×2
例 3	亮度的大小	micro:bit×1、USB 数据线 ×1、模拟光敏传感器模块 ×1、micro:bit 扩展板 ×1
例 4	呼吸灯效果	micro:bit×1、USB 数据线 ×1、LED 发光二极管 ×1 或 LED 发光模块、micro:bit 扩展板 ×1(可选)
例 5	键盘的控制	micro:bit×1、USB 数据线 ×1、红色 LED×1 或 LED 模块、micro:bit 扩展板 ×1(可选)
实践与体验 2	小夜灯	micro:bit×1、USB 数据线 ×1、光敏传感器模块 ×1、LED 模块 ×1、micro:bit 扩展板 ×1、连接线若干
例 6	花盆的心情	micro:bit×1、USB 数据线 ×1、土壤湿度传感器模块(模拟信号)×1
实践与体验 3	制作"噪声测试仪"	micro:bit×1、USB 数据线 ×1、声音传感器(模拟信号)
例 7	音乐的溢彩	micro:bit×1、USB 数据线 ×1、WS2812B 彩色 LED 灯带(含 8 个像素点)×1、声音传感器(模拟信号)×1、micro:bit 扩展板 ×1
实践与体验 4	利用彩色灯带制作跑马灯	micro:bit×1、USB 数据线 ×1、WS2812B 彩色 LED 灯带(含 8 个像素点)×1、
例 8	音乐的节拍	micro:bit×1、USB 数据线 ×1、micro:bit 扩展板 ×1、无源蜂鸣器模块 ×1
实践与体验 5	用蜂鸣器演奏歌曲《两只老虎》	micro:bit×1、USB 数据线 ×1、micro:bit 扩展板 ×1、无源蜂鸣器模块 ×1
例 9	智能遮阳伞	micro:bit×1、USB 数据线 ×1、micro:bit 扩展板 ×1、光线传感器 ×1、舵机 ×1
实践与体验 6	农业大棚智能控制系统	micro:bit×1、USB 数据线 ×1、温度传感器(可选)×1、继电器模块 ×2、电机 ×1
例 10	micro:bit 与手机交互	micro:bit×1、USB 数据线 ×1、micro:bit 扩展板 ×1、蓝牙 2.0 模块 ×1、安卓手机

续表

项目与编号	名 称	器 材 清 单
例 11	室外环境温度实时监控	micro:bit×1、USB 数据线 ×1、micro:bit 扩展板 ×1、温度传感器 ×1、Wi-Fi 通信模块
实践与体验 7	制作"发报机"	micro:bit×2、USB 数据线 ×2
实践与体验 8	用 micro:bit 按键控制 PPT 的播放	micro:bit×2、USB 数据线 ×2、充电宝 ×1
实践与体验 9	课堂答题器的编程实现	按班级人数配置适当的数量的 micro:bit 主控板、USB 数据线、micro:bit 扩展板、按键模块（可选）
实践与体验 10	物联网项目开发实例"盆栽伴侣"的编程实现	micro:bit×1、USB 数据线 ×1、micro:bit 扩展板 ×1、温度传感器 ×1、土壤湿度传感器 ×1、光线传感器 ×2、Wi-Fi 模块 ×1、潜水泵 ×1、潜水泵电源连接线 ×1、继电器模块 ×1、橡胶水管 ×1

5.6.6　华东师大版实验与器材

华东师大版与人教中图版实验内容安排类似，如表 5-50 所示，"项目实践"基本上是按照实验项目来设计的，有一部分适合课堂演示实验，有一部分适合快速验证实验，还有一部分需要专门的实验室环境，但华东师大版比人教中图版更倾向用项目的方式进行。

表 5-50　华东师大版"项目实践"汇总表

编 号	名 称	器 材 清 单
项目实践 1	测试 Arduino 图形化编程软硬件环境	Arduino、USB 数据线
项目实践 2	使用串口打印调试信息	Arduino、USB 数据线
项目实践 3	模拟呼吸灯效果	Arduino、USB 数据线、示波器、万用表
项目实践 4	机器开关系统模拟	Arduino、按键开关、红色 M5 直插 LED、220Ω 电阻、10kΩ 电阻、面包板、杜邦线若干
项目实践 5	机器耳朵模拟	Arduino、声音传感器模块、杜邦线若干
项目实践 6	感应节能灯	人体红外传感器 HCSR501(或其他感应传感器)、光敏电阻、红色 M5 直插 LED、220Ω 电阻、10kΩ 电阻、面包板、杜邦线若干
项目实践 7	简单音乐播放器	Arduino、蜂鸣器、杜邦线若干
项目实践 8	呼吸灯实物模型	Arduino、红色 M5 直插 LED、220Ω 电阻、面包板、杜邦线若干
项目实践 9	调速小风扇	Arduino、小型 6V 直流电机、L298N 直流电机驱动模块、外接 12V 电源模块、红色 M5 直插 LED、220Ω 电阻、B50K 电位器、面包板、杜邦线若干
项目实践 10	番茄时钟	Arduino、按键开关 ×2、蜂鸣器、红色 M5 直插 LED、220Ω 电阻、10kΩ 电阻 ×2、面包板、杜邦线若干
项目实践 11	安全警示灯	Arduino、红色 M5 直插 LED 若干（自定义）、按键开关、220Ω 电阻若干、10kΩ 电阻若干、面包板、杜邦线若干

续表

编　号	名　　称	器材清单
项目实践 12	北斗定位导航模型	Arduino、北斗接收模块（串口）、USB 数据线、2~3m SMA 接头的天线（室内用时可选）、杜邦线若干
项目实践 13	运动时间提示屏	Arduino、含 I^2C 总线接口的 OLED 模块、杜邦线若干
项目实践 14	钥匙防丢器	蓝牙模块、Arduino Nano、蜂鸣器、智能手机、万用表、示波器、杜邦线若干
项目实践 15	运动小车	Arduino、Arduino 扩展板、电机驱动模块 L298N、超声波传感器、光电巡线传感器、车体、车轮、电池
项目实践 16	蓝牙遥控运动小车	Arduino、Arduino 扩展板、电池、蓝牙模块、车体、超声波传感器、光电巡线传感器、车轮
项目实践 17	无人小车智能控制	遥控小车、树莓派 3B+、仿真地图、摄像头、显示器（含 HDMI 接口）、鼠标、键盘、数据线

5.7　中国特色开源软硬件实验室样例

2018 年 12 月 7 日，由教育部教育装备研究与发展中心、宁波杭州湾新区开发建设管理委员会和浙江同天工业设计发展有限公司合作共建中国杭州湾高端教育装备创新产业城，在国内率先启动普通高中信息技术学科实验室（以下简称杭州湾实验室）建设探索。杭州湾实验室以高中信息技术新课标为指导，一期重点建设开源硬件和人工智能两个实验室，旨在为信息技术新教材落地实施提供教学支撑环境建设样例，也是对建设中国特色开源软硬件实验室的一次探索。

5.7.1　实验室建设目标

《开源硬件项目设计》是高中信息技术课标新增的两个选择性必修模块之一，是需要在专用器材支持下才能正常开展教学的模块。杭州湾实验室方案中提供了常用的开源硬件和基本加工器材，能够完成各个版本《开源硬件项目设计》模块教材的基本实验。

5.7.2　实验室建设理念

基于开源硬件的项目设计与开发有益于激发学生创新的兴趣，培养学生动手实践的能力，同时也是在信息技术课程中实现 STEAM 教育的理想方法。通过本模块的学习，学生能搜索并利用开源硬件及相关资料，体验作品的创意、设计、制作、测试、运行的完整过程，初步形成以信息技术学科方法观察事物和问题求解的能力，提升计算思维与创新能力。

按照选择性必修的课程要求，杭州湾实验室按照 30 人来配置，建设方案设计遵循以下原则。

（1）提供多家企业的产品，以满足不同教材的需求。同时不局限于某一家公司的产品，让学生在完成教材实验的基础上，能够接触更多的开源硬件，并让不同企业的产品能够协同工作。

（2）除了提供学生实操需要的硬件外，实验室里配置了几款经典且有一定复杂度的开源硬件作品，作为教学实例进行剖析。

（3）杭州湾实验室同时具备了创客空间的功能，配置开源硬件的设计工具、组装工具、测试测量工具与仪器，以及各种常见的开源硬件扩展模块。学生除了可以完成必做的几个实验外，还可以进行个性化造物。

（4）杭州湾实验室配置了一些必备的数字加工设备，如 3D 打印机和激光切割机，既可以供学生学习开源硬件项目设计模块使用，也可以作为学习三维设计与创意模块和人工智能初步模块的实操学习场所。

5.7.3 实验室环境设计

杭州湾实验室在设计教学环境时，采用了较为灵活的教室座位布局，以便于学生开展小组合作与探究。

（1）建议采用 3~4 人一组的形式来设计座位，以满足项目式学习的需求。

（2）采用区域划分的形式，将教学区和加工区分开。

5.7.4 硬件与装备清单

5.7.4.1 基础设施

杭州湾实验室信息化基础与通用数字化加工工具配置如表 5-51 所示。

表 5-51 基础设备与通用工具

序号	名称	数量	备注
1	教师计算机	1	若跟人工智能、三维设计实验室共用，配置 AI 训练加速专业显卡
2	触控一体机	1	辅助教学设备，教师板书、演示等
3	企业级无线路由器	1	满足物联网教学的高并发要求

续表

序号	名称	数量	备注
4	学生计算机	30	可选配置1：一体机 可选配置2：显示器+组装电脑
5	3D打印机	4	用于制作开源硬件创意设计项目中的结构件
6	激光切割机	1	用于制作开源硬件创意设计项目中的结构件
7	教学用电工套件	10	含万用表等

注：此表不含桌凳等基本办学条件。

5.7.4.2 教学器材

根据不同的教材合理选用恰当的主控开发套件，表5-52中序号为1~7的器材，没必要全部购买，选择2~3种即可。

表5-52 教学器材配置表

序号	名称	数量
1	掌控板基础学习套件	16
2	掌控板项目开发套件	16
3	虚谷号基础学习套件	16
4	虚谷号项目开发套件	16
5	Arduino基础学习套件	16
6	Arduino项目开发套件	16
7	通用电子传感器模块套装	5

5.7.4.3 辅助器材

按照兼顾人工智能学科教学与实验的建设目标，杭州湾实验室还配置了一定数量的AIoT设备，具体清单如表5-53所示。

表5-53 AI智能实验教学辅助器材配置表

序号	名称	数量	备注
1	Maixduino K210	5	常见AIoT软硬件环境对比研究学习
2	Maix-II-Dock/1950	5	常见AIoT软硬件环境对比研究学习
3	MaixSense/1956	5	常见AIoT软硬件环境对比研究学习
4	冲锋舟VIM3	5	常见AIoT软硬件环境对比研究学习
5	Jetson Nano	5	常见AIoT软硬件环境对比研究学习
6	树莓派	5	不同软硬件环境对比研究学习
7	Arduino开发板	若干	不同版本各提供4~5块
8	平板电脑	5	物联网实验辅助器材

5.7.4.4 演示作品与教具

演示作品与教具配置表如表 5-54 所示。

表 5-54 演示作品与教具配置表

序 号	名 称	数 量
1	智能鸟蛋	1
2	趣味颜值测试	1
3	互联网闹钟	1
4	家庭移动机器人	1

5.7.5 软件与库文件清单

5.7.5.1 教师计算机

预装软件包括教学管理平台、Arduino、WinPython、BXY、mPython、Appinventor2、Python3D、Lasermaker、Inkscape、SIoT、Mixly、Mind+、MaixPy、MaixPy3 等。

5.7.5.2 学生计算机

预装软件包括 Arduino、WinPython、BXY、mPython、App Inventor2、Python3D、Lasermaker、Inkscape、SIoT、Mixly、Mind+、MaixPy、MaixPy3 等。

5.7.6 实验与器材清单

根据课标要求，设计了 9 个必选实验和 3 个选做实验。其中 9 个必选实验，使用学习套件中的任何一款都可以完成。以虚谷号基础学习套件为例对实验进行介绍，具体内容如表 5-55 所示。

表 5-55 杭州湾实验室设计的实验与品格选用表

编 号	实验名称	实验描述	实验器材
1	数字输入输出实验	控制开发板引脚的数字输入和输出，能控制引脚输出高低电平并且读取电平状态	虚谷号、扩展板、LED 模块、按钮模块
2	模拟输入输出实验	控制开发板引脚的模拟输入和输出，能控制引脚输出 PWM 信号，并且通过支持模数转换的引脚读取模拟电平状态	虚谷号、扩展板、LED 模块、旋钮模块、光线传感器

续表

编 号	实 验 名 称	实 验 描 述	实 验 器 材
3	显示屏输出实验	将各种传感器信息输出到开发板的 LCD 屏幕	虚谷号、扩展板、LCD 模块、声、光、温度、湿度等传感器
4	舵机控制实验	用旋钮模块控制开发板上的舵机转动	虚谷号、扩展板、9G 舵机模块、旋钮模块、按钮模块
5	直流电机控制实验	用旋钮模块控制开发板上的直流电机转动	虚谷号、扩展板、直流电机模块、按钮模块、旋钮模块
6	红外遥控实验	通过红外发射和接收模块，控制开发板的 LED 和继电器	虚谷号、扩展板、LED 模块、红外遥控模块、红外发射模块、继电器模块
7	串口通信实验	通过串口和开发板进行交互，获取传感器信息并控制 LED 和继电器	虚谷号、扩展板、LED 模块、继电器模块
8	Wi-Fi 通信实验	通过 Wi-Fi 和开发板进行交互，获取传感器信息并控制 LED 和继电器	虚谷号、无线路由器、扩展板、LED 模块、继电器模块
9	物联网控制实验	通过物联网 MQTT 协议，获取智能硬件上的温度、湿度等传感器信息，并控制 LED 和继电器	虚谷号、无线路由器、扩展板、温度传感器、湿度传感器、LED 模块、继电器模块
10	字符识别实验（选做）	通过摄像头识别白纸上的字符	虚谷号、摄像头
11	手势识别实验（选做）	通过摄像头识别人的简单手势	虚谷号、摄像头
12	人脸识别实验（选做）	通过摄像头识别人脸	虚谷号、摄像头

5.8 国家课程教学案例

新课标要求，创设数字化学习环境，为学生提供丰富的课程资源。为促进学生学科核心素养的发展，教师在充分利用真实情境的教学活动空间时，也应通过信息技术帮助学生创设个人虚拟的网络活动空间，形成应用便捷、资源丰富、内容可靠、环境安全的数字化学习环境。

5.8.1 深圳市第二高级中学

深圳市第二高级中学除了高一年级开设了《开源硬件项目设计》普及课程以外，还充分结合《信息技术 数据与计算（必修1）》与《信息技术 信息系统与社会（必修2）》的相关内容，开展信息技术实验教学，针对教材涉及的内容开发了12个开源硬件实验项目，具体实施如表5-56所示。

表 5-56　深圳市第二高级中学开源硬件教学案例

教材模块	实验项目	器材准备	实　验
信息技术必修1（第二章：算法与程序实现）	自助式过街红绿灯设计	掌控板、mPython软件	实验1：点亮板载LED灯
			实验2：按键控制LED灯
			实验3：自助式人行红绿灯设计
信息技术必修1（第三章：数据处理与应用）	数据采集	掌控板、mPython软件	实验4：光敏传感器的采集及处理
			实验5：网络数字时钟
			实验6：数据保存
			实验7：心知天气——获取各地天气预报
信息技术必修1（第四章：走进智能时代）	体验人工智能	掌控板、小方舟、mPython软件	实验8：语音识别台灯
			实验9：智能分类垃圾桶
信息技术必修2（第四章：信息系统的基础设施）	物联网与信息系统	掌控板、温湿度传感器、mPython软件	实验10：SHT20获取温湿度数据
			实验11：SIoT本地服务器搭建
			实验12：SIoT与开源硬件互通

5.8.2　湖南省株洲市第二中学信息技术教研室

2022年上半学期，湖南省株洲市第二中学信息技术教研室[①]选择2个行政班按2个教学班进行授课，在学校开设《开源硬件项目设计》选择性必修课程，在课程时间进度上做了适当调整，并在公众号上分享了一个学期的教学资源[②]，表5-57是具体教学内容。

从教学内容来看，教研室显然花了大功夫进行了重构，既有跟必修1和必修2内容的勾连，也有跟选择性必修4《人工智能初步》之间的融合，充分体现了课标设计中"基于开源硬件的项目设计与开发是在信息技术课程中实现STEAM（科学、技术、工程、人文艺术与数学）教育的理想方法""充分利用丰富的开源硬件和人工智能应用框架等资源，搭建面向实际生活的应用场景"的预见性。

一个小插曲是，学校教材选用了粤教版，而教具选用了人教中图版的器材，在经过简短的熟悉之后，师生共同迎来了开源文化盛宴。

[①] https://mp.weixin.qq.com/s/igB0IV9PP7dNFsY7j3Mc1A.
[②] https://mp.weixin.qq.com/s/crImT7kPRxShqP5F0ILVGA.

表 5-57　株洲市第二中学信息技术教研室《开源硬件项目设计》选择性必修课程安排

第 1 节	2021 级下学期信息技术选课介绍及选修人员确认
第 2 节	开源硬件的介绍与体验
第 3 节	选修增设及掌控板编程体验
第 4 节	传感器的应用
第 5 节	声控及加速度传感器
第 6 节	物联网发展史
第 7 节	物联网平台
第 8 节	MQTT 协议
第 9 节	云计算
第 10 节	大数据
第 11 节	人工智能之语音识别技术
附加课	人工智能
第 12 节	中移物联网
第 13 节	芯片
第 14 节	人工智能算法——文章聚类
第 15 节	期末作品设计

信息技术教研室顺利完成一个学期的教学任务之后，授课老师在微信留言：[1]"本次课开始期末作品设计，学生表现良好，一个学期眼看就要结束了，跟学生说的时候，学生表现很舍不得，毕竟《开源硬件项目设计》课程或许是为数不多的能真实为学生打开校外大千世界的窗口吧。"

---

[1] https://mp.weixin.qq.com/s/1Cs6MTNoJDocEs4XJxAzPg.

后 记

与开源硬件结缘大概是 2009 年的事了,那时开源硬件还是小众文化,Arduino 在国内的传播刚刚起步。

2011 年左右,我在做 DIS(digital information system,数字化实验系统)的研发工作,常常往返于北京景山学校和北京师范大学之间,探寻 DIS 在中小学实验教学中的教学案例,当时吴俊杰老师刚到北京景山学校任教,在与北京师范大学项华教授做 T-Bare(基于艺术、研究和工程的技术教育)课题研究,从事国内早期 STEM 教育相关的探索工作。T-Bare 研究需要一个硬件载体,我因 DIS 研发工作的需要,常折服于 Arduino 所营造的开源生态与开源文化,也尝试把 Arduino 介绍给中小学校,于是一拍即合,硬件算是选定了。

那时北京景山学校信息技术教研组编程教学的成果已经颇丰,毛澄洁和吴俊杰等老师各有相关研究论文发表,而我在开发高阶的 DIS 实验教学时,也需要对传感器和执行器进行一定的编程配置工作,通过搜索引擎找到了图形化编程软件,能够很好地降低 DIS 传感器的配置门槛,并进一步通过论坛结识了很多编程教育的先行者。当时大家对图形化编程抱有极大的教学热情,开展了各种尝试和探索,比如管雪沨老师的趣味编程课、毛爱萍老师的数字创意课等,于是软件算是也选定了。

现在回过头来想想,当时是多么幸运——2011 年我们不仅找到了合适的软件和硬件,还促成了软硬件之间的珠联璧合,软硬件结合的思想被广泛接受,很多人因此而结缘,中小学 STEAM 和创客教育的很多故事可以追溯到那段青葱岁月。

2018 年,随着《普通高中信息技术课程标准(2017 年版)》的发布和配套教材在各地陆续实施,我有幸见证开源硬件在国产化道路上取得突破,《中国信息技术教育》2018 年《高中新课标"开源硬件项目设计"模块:中国开源硬件的梦与路》一文做了比较详细的记述,一群来自教学一线的老师实实在在地推动了教育改革的步伐。总结起来,基于对过往常见学科教具优劣的全面深入剖析,2018 年不但成功推出了虚谷号和掌控板,还以这两款有代表性的开源硬件为基础，衍生出"乐造模块"和"虚谷物联"两个互补板块，并阶段性汇总成"虚谷计划"，初步为中小学信息技术教学、通用技术教学、STEAM 教育、创客教育等准备了一套自主开源的硬件方案。

  2021 年，在开源硬件的基础上，我们走向了新话题"从国产开源硬件到开源操作系统"。2022 年，教育部印发了《义务教育信息科技课程标准》，与高中阶段的"信息技术"相比，义务教育"信息科技"突出强调信息的科学元素，更加强调信息素养，计算机原理和操作系统都将可能成为不可或缺的教学内容，部分地方中小学信息技术教材修订过程中已经把这些考虑进来了。那么在当前的国内外大背景下，"从国产开源硬件到开源操作系统"也变成了一种使命。十年前，软硬结合的思想给中小学的信息技术教学注入了新活力，希望国产开源硬件和开源软件的联姻，也能为即将到来的信息科技教学改革带来不息的动力。

梁森山

2022 年 9 月 5 日